The Nature of the Law, and related legal writings
By Eric Voegelin

Copyright © 1998 by
The Curators of the University of Missouri
University of Missouri Press, Columbia, MO 65201
All rights reserved

法的本质
及其相关法学作品

埃里克·沃格林（Eric Voegelin）/ 著
刘剑涛 / 译　刘曙辉 / 校

THE NATURE OF THE LAW
AND RELATED LEGAL WRITINGS

上海三联书店

目 录

编者前言 　　　　　　　　　　　　　　　　　　　　5
编者导言 　　　　　　　　　　　　　　　　　　　　9

第一篇　法的本质　　　　　　　　　　　　　　　　25
第二篇　法理学课程大纲　　　　　　　　　　　　　105
第三篇　法理学课程补充说明　　　　　　　　　　　111
第四篇　正当与权力　　　　　　　　　　　　　　　125
第五篇　法律科学中的两项新贡献　　　　　　　　　131
第六篇　评《法律科学理论》　　　　　　　　　　　143

索　引　　　　　　　　　　　　　　　　　　　　　165
译后记　　　　　　　　　　　　　　　　　　　　　186

编者前言

本卷*最初由约翰·威廉·科林顿（John William Corrington）编辑，他曾先后任职于路易斯安那州立大学（Louisiana State University）英语学院、新奥尔良罗耀拉大学（Loyola University in New Orleans）英语学院，此后又在路易斯安那成为一名律师和电视剧本作家；他也是热衷于埃里克·沃格林思想的研究者，这一点在此具有特别的意义。在他于1988年11月意外去世之后，路易斯安那州立大学荣休法学教授罗伯特·安东尼·帕斯卡尔（Robert Anthony Pascal）和英文助理教授詹姆斯·李·巴宾（James Lee Babin）接过了编辑工作。两位编者很幸运，既拥有科林顿先生编辑过的《法的本质》（The Nature of the Law, and related legal writings）手稿，又拥有他为此及本卷其他作品所作的富有见解的注释，这些注释是为介绍这些作品所预备的。

收入本卷的沃格林法学作品包括：《法的本质》（1957），虽然拥有版权，但此前从未考虑为了出版而加以编辑，只是曾在路易斯安那州立大学法学院的法理学课程中以油印本形式分发给学生；《法

---

* 这里指34卷本《沃格林全集》（The Collected Works of Eric Voegelin）第27卷。——编注

理学课程大纲》（Outline of Jurisprudence Course）和《补充说明》（Supplementary Notes），曾在1954年至1957年间分发给法理学学生，并未出版过；法律科学与法哲学著作的四篇书评，先后发表于1941年和1942年，分别涉及詹姆斯·布朗·斯科特（James Brown Scott）的《法律、国家和国际社会》（*Law, the State, and the International Community*, 1939）、N. S. 蒂玛谢夫（N. S. Timasheff）的《法律社会学导论》（*An Introduction to the Sociology of Law*, 1939）、埃德加·博登海默（Edgar Bodenheimer）的《法理学》（*Jurisprudence*, 1940）与亨廷顿·凯恩斯（Huntington Cairns）的《法律科学理论》（*The Theory of Legal Science*, 1941）。

　　沃格林所有具有法律内容的作品并非都收录在本卷中，那些主要讨论政治科学或政治哲学的作品被排除在本书之外，但可能收入在《沃格林全集》其他卷中。本卷也未收录他的另外两部法学作品：1927年的文章《凯尔森的纯粹法学》（Kelsen's Pure Theory of Law）和1928年的《美国精神的形式》（*Ueber die Form des amerikanischen Geistes*）一书中"英美分析法理学"（Anglo-American Analytic Jurisprudence）一章——该书将作为《沃格林全集》第一卷用英语出版。这两部作品都讨论分析法理学，后者还是沃格林作为凯尔森的学生以及后来在维也纳大学（University of Vienna）谋求私人讲师职位时的主要兴趣。编者认为上述两篇作品范围较为狭窄，不适合与《法的本质》《法理学课程大纲》和《补充说明》放在同一卷中出版。

　　这里必须谈一下编者遵守的一些原则。几篇书评是按照发表时的版本重刊，但更正了其中的打印错误，一些标点、介词和拼写也有所改动，以便符合当前的风格。《法理学课程大纲》的两个版本都找到了，其中一个版本不包括第二个版本中标题是"一、界定研究领域"的内容，后者很可能是修订版。所以本卷采用了更为完整的第二版，除了在括号中增加了两个短语以作说明之外，没有其他改动。以油印本形式分发给法理学学生的《补充说明》，文本重刊也未加改动，只是标点、字母大写、书名和外文词的斜体有所变动，并重新安排了章节，以求一致；词序、动词时态、介词和代词也略作修改，务求尽善。

我们两位编者认为《法的本质》需要进一步编辑。科林顿先生做了最基础的编辑工作，只是偶尔改动标点或词语，也有将很长的句子或段落断开。我们按其本来样貌对待这部油印作品，面对这部尚未由作者以外的人编辑过的文稿，我们认为需要相比科林顿先生更为大胆地进行编辑。考虑到沃格林本人无法看到编辑后的文本，编者们也就未做自认为有可能影响作者原意的任何微小改动。编者处理过标点，以求更符合美国当前的用法，不过，在有些地方也有意保留或使用了一些并非绝对必要的标点，在多处地方重新断句和分段，以利于读者阅读。总体而言，具有散漫风格的个人主动式的现在时语言、被动式句子和非人称风格都经过处理，以求统一。编者在多处地方修改了词语、短语和从句的顺序，力求表达清晰。介词改动很多，偶尔还有更好的同义词加以替换。需要插入说明性词语或短语的地方极少。编者的补充部分都加了方括号。编者还为《法的本质》的目录加上了页码编号，并制作了索引。

编者衷心感谢路易斯安那州立大学的保罗·M. 赫伯特法学中心（Paul M. Hebert Law Center）为此项计划慷慨提供的文秘帮助与物质支持！我们也衷心感激桑德拉·萨勒（Sandra Saale）女士，她愉快而高效地打印出全部稿件，并且为制作本书索引预备好计算机检索工作。

编者导言

《法的本质》撰写于沃格林在路易斯安那州立大学法学院讲授法理学时期,1957年在该课程上以油印本形式出现,作为"暂定版本,仅供该课程注册学生使用"。沃格林从未修订这部著作,尽管他曾经告诉本卷一位编者正考虑修订,并且在1976年与圣母大学出版社(Notre Dame University Press)的通信中表达过出版意向。这一著作也未曾分发给他法理学课程的学生。1954年至1957年,沃格林在春季学期讲授法理学,很可能他在该著作油印本出现之前就完成了最后课程。1958年1月,他离开路易斯安那州立大学,接受慕尼黑大学政治科学与历史学教授职位,并主持政治科学研究所。

《法的本质》是沃格林唯一一部全面而系统的法学著作,也是他成熟期的作品。在写作此书之际,他正式决定放弃撰写一部政治观念史的最初计划,出版了《政治的新科学》(*The New Science of Politics*)和《秩序与历史》(*Order and History*)前三卷,其时他已经讲授了四年法理学。[1] 他逐渐意识到,观念没有历史,只有人才有历

---

[1] Eric Voegelin, *Autobiographical Reflections* (Baton Rouge, 1989),62-64[中译本:沃格林口述/订正,桑多兹访谈/实录/编辑:《自传性反思》,徐志跃译,北京:华夏出版社,2009年。——编注];Voegelin, *The New Science of Politics: An Introduction* (Chicago, 1952)[中译本:沃格林:《政治的新科学》,孙嘉琪译,李晋校,(转下页)

史，而且人类历史由人在上帝之下区分理智经验（noetic experience）与灵性经验（pneumatic experience）的成败构成。因着同一原因，他逐渐意识到，法（law）不可能有脱离社会历史的历史——法表达了这一社会的秩序，其实质或本质正是社会结构，法是社会结构之法。

沃格林通过自己的思索得出了这些见解，正如他所说的，他在灵魂中反抗他所经验到的外部世界中表现无序的现象，这种反抗促成了这一点。因而在他23岁时，他不满于凯尔森（Hans Kelsen）将"国家"（State）概念限定为"纯粹法"（pure law）概念，后者意味着法脱离秩序的本体论标准，被简化为一个与假定的基础规范内在一致的、针对生存状况和行动的政府反应框架。为了阐明一系列复杂经验，另一个更重要的例子是他对德国国家社会主义（German national socialism）、法西斯主义（fascism）与马列主义式的共产主义（Marxist-Leninist communism）的反应。[②] 这些经验引导他探索人类秩序的真正标准的根源，藉着这个标准可以评判社会与法的现象。

沃格林从研究中发现，原来意义上的哲学，是人自身对存在之理智（理性）经验的符号表达与分殊，是对现实及其含义的洞见，这些洞见因他参与物质与精神的"间际"（In-Between）而产生，而非源于启蒙时代以来那种把现实融入一种与某个假定或假设的观念（意识形态）相一致的框架的企图；这些研究使他得出结论，启示是上

（接上页）上海：上海三联书店，2019年。——编注］；《秩序与历史》前三卷分别是 Vol. I: *Israel and Revelation*, Vol. II: *The World of the Polis* 和 Vol III: *Plato and Aristotle* (Baton Rouge, 1956, 1957) ［中译本：沃格林：《以色列与启示》（霍伟岸、叶颖译）、《城邦的世界》（陈周旺译）、《柏拉图与亚里士多德》（刘曙辉译），南京：译林出版社，2009年、2008年、2014年。——编注］。

② Eric Voegelin, "Reine Rechtslehre und Staatslehre," *Zeitschrift fuer Oeffenliches Recht*, IV(1924), 80-131; Voegelin, *Autobiographical Reflections*, 24, 25, 45-53.

帝的恩典为人提供的灵性经验或属灵经验的分殊(differentiation)与符号化(symbolization)。沃格林也意识到，即使人们接受那些已经拥有理智经验与灵性经验的人关于这些经验的符号表达而不怀疑，唯有重建那些导向符号化的经验，才能获得有关这些经验的知识。③

正是本着这一精神，沃格林于1951年在芝加哥大学开设了沃尔格林讲座(Walgreen Lectures,1952年以《政治的新科学》为题出版)，后来又完成《秩序与历史》前三卷(1956—1957)；本着同样的精神，他又写了《法的本质》。

在《法的本质》中，沃格林促使读者分析法的日常现象以发现其本质或实质，以及其属性。这种分析从日常谈论法时所用的词语开始，拒绝某些公认的见解和假定——它们因为与有关法的这种或那种经验不一致而被证明是错误的——同时保留与之一致并能促进我们理解的见解和假定，直至最终认识到，法将社会结构作为其本体论本质，它正是社会结构之法，将人与存在的关系作为其标准，我们通过哲学和启示来认识这一关系。因而，《法的本质》是以古典风格做哲学的一个现代例子。

自始至终，沃格林都在坚持不懈地分析本质。他从如下观点开始：尽管我们谈论"法"(the law)＊，仿佛它是单数，实际上它存在于诸多秩序中，内容并不相同。然而，"法"不可能是在诸多秩序中个体化的一个"种"(species)，因为所有法律规则在各自的法律秩序中都是"本质的"(essential)。"法"也不可能是包括所有法律秩序的所

---

③ 关于沃格林思想历程的全面阐述，参见 Ellis Sandoz, *The Voegelinian Revolution* (Baton Rouge, 1981)。[中译本：埃利斯·桑多兹：《沃格林革命》，徐志跃译，上海：上海三联书店，2012年。——编注]
＊ 译文中的"法"和"法律"并无区别，完全可以互换；一般优先考虑使用"法"，只有语感更顺畅或更符合汉语习惯时，才使用"法律"。——译注

有规则的某个"种"的单个例子,因为这样一来,本质就会被还原成所有秩序中的所有规则之陈列,这毫无意义。法的本质一时难以捉摸,于是沃格林将注意力转向法的"效力"(validity)。他发现法律会生效,也会失效,于是提出一个问题:"法"是一系列暂时有效的规则集,还是被一个过程赋予统一性的变化的实体?这些理解也难以让人满意,因此,由这些初步成果所引导,沃格林的分析从作为一种独立现象的法转向社会背景中的法。

沃格林发现,在这背景中,"法"在其最根本的描述意义上是任何存在领域中的秩序之实体,例如物质存在领域中的万有引力定律。* 立法过程则被视为保障社会中人与人之间的秩序实体的手段。沃格林从这一角度列举了立法过程与秩序实体之关系的主要理论建构。对柏拉图和亚里士多德而言,哲学家明察到真正秩序的内容,为了保障这一内容制定了法律。随着民族国家的出现,君主依据神法与自然法(divine and natural law),或者仅仅依据自然法,或者仅仅依据自己的决定而颁布实证法(positive law)。世俗主义的到来和哲学的衰落,使得真正秩序的实体问题被忽略了,完全只是强调实证的立法过程。最终,在社会法理学方面,唯一的努力就是描述法律现象,而不是进一步分析法的本质。但是显而易见,必须在社会秩序中追寻法的本质,沃格林在第三章继续分析了社会中的"秩序综合体"(The Complex of Order)。

在开始分析秩序综合体之际,沃格林一方面注意到真正的实体秩序与立法过程之间的张力,另一方面也注意到真正的实体秩序和现存的社会秩序之间的张力。就前一种张力而言,沃格林发现其关

---

* 在英语中,物理学定律、规律以及法则,也都用 law 一词表达。——译注

系之"重要性"(weight)倾向于综合体的社会方面,并以如下观点阐明这一事实:解释宪法结构中变化的效力,不能借助一个程序性过程,而只能诉诸一个持续的社会,后者的秩序由法律之外的那些因素塑成。他观察到,法律之外的因素包括社会中权力结构的权威,这个权力结构表达了某种秩序,此秩序意图遵循生存条件下人类实体秩序在本体论上的真正标准。因而,"法"包含的远比法律规则更多;它囊括了人类在具体社会中建立秩序的所有努力。

沃格林继而考察了第二种张力,它处于现存的社会秩序与真正的实体秩序之间。他发现,社会秩序具有持续性,这很明显,因而,鉴于法律秩序被遵守,人们可以认为,法律秩序刻画了一个现存的社会,几乎采取了"自然规律"(the laws of nature)描述被决定的生存现象的方式。然而,法律规则的功能不是描述社会秩序,因为,不同于被决定的生存现象之秩序,社会秩序并不是社会固有的。相反,社会秩序必须由人类行动以法律规则的形式来提供,因而规则被视为规范性的。不过,规则有待发现,而非有待制定,而且,在真正秩序与实现了的生存秩序之间总是存在张力。这种张力之所以存在,不仅因为人拥有参与某个存在秩序的经验——这里的存在秩序不仅包括人,也包括上帝、世界与社会;而且因为人体验到需要和存在秩序协调;还因为人同时体验到他与存在秩序的协调端赖于他的行动。这种张力是法律规则的**应当**(Ought)或规范性的本体论根源。

因为规则是规范性的,它必须传达给民众,这最终借助法律职业服务。沃格林于此详尽阐述,以区分"正在生效的法律规则"与"法律规划"。在这些法律规划中,有些提出来供采纳或立法通过,有些意欲在生存环境中充当模仿的典范,有些则是哲学家意图表达真正秩序,无论它们目前或将来是否会被立法通过。在最后一种规划中,真正秩序在哲学家的灵魂中这样被经验到:这种秩序旨在其本质的全面展开。在经验的立法过程中,规范性的来源正是努力参与如此发现的真正秩序。

一方面在立法过程与社会秩序之间的张力背景中,另一方面在社会秩序与真正的实体秩序的张力背景中,沃格林强调社会的自组织性(self-organizing chacacter)和法律规则的非个人性(impersonal character),这些因素使得法的多种"命令"理论("command" theories of law)表现出了不足。社会的这种自组织必然要通过社会的诸多代表来实现,尽管后者会掌握权力。如果要实现整体的社会利益,那么尽管代表宣布的秩序可能在细节上不符合某个公民对良好秩序的理解,它也必须被所有公民遵守。在将本体论意义上的真正秩序转化为现存秩序的过程中,错误不可避免,因为秩序问题上的真理很难确凿无疑地断定,尤其是在细节上。因此,社会代表的意见必须占上风,强制力也有必要,以确保桀骜不驯者遵守。

在结论中,沃格林总结了法律规则的效力要素:第一,法律规则具有本体论意义上的存在,但并非它们自身之存在,而仅仅是在它们的社会背景中的存在;第二,由于法律规则是关于人类行为的命题,其规范性必须取决于它们能否恰当地提供一个实现每个人潜能的秩序;第三,法律规则提供这种秩序的恰当性必须通过哲学与启示来确定。此外,某个法律秩序的内容不可能从人的本质中产生,因为法律总是存在于某个社会背景中,而社会的组织化总是具体的,所以它必须如此,尽可能在生存条件下实现社会目标。最后,因为法律仅仅是社会背景的一部分,所以没有法律的历史,只有社会的历史;而且,在这一历史中,最重要的事件就是**理性**

(Reason)和**启示**(Revelation)从**宇宙论神话**(Cosmological Myth)中分殊出来。

《法的本质》可以被描绘成一种恢复法律秩序神圣性的有理有据的邀请。在沃格林的分析中,随着法的本质逐步清晰地呈现出来,历史上最近的和占主流的法律观念无一不体现出不足。"法"不再仅仅是利维坦对人们的某条"命令",因为恐惧更恶劣的处境,人们放弃所有反对的权利。它也不仅仅是独立自主的个体之间的社会契约之产物,借助这种契约,他们相互之间放弃不受限制的自由,以免相互伤害。它也绝不是多数人表达出来的意志,用来保护自我界定的直接的世俗利益;也不是统治阶级表达出来的意志,谋求最终实现一个被错误地构想的世俗版千禧年(millennium)。相反,分析表明,法是秩序的一部分,在力图实现共同利益(common good)过程中,社会借助其代表为自己形成这一秩序。相应地,人们可以根据如下标准判断具体的法律秩序:即它在多大程度上保障每个人——这里的人不仅有属灵层面的存在,也具有物质层面的存在,不仅包括现在的人,还包括将来的人——都有可能充分发展自己的能力,参与到那种每个人由于被造而生来与上帝和其他人共享的生活。法及其制度明确规定在当前状况下实现那种共同利益的恰当而且有利的合作模式。在最后的分析中,衡量法的尺度就是与现实的完满性相一致的社会秩序。

《法理学课程大纲》(1954-1957,以下简称为《大纲》)更关心通过哲学和启示所发现的法律秩序的标准,而非法的实质或本质,而后者是《法的本质》的主题。因此,二者互为补充。尽管直到沃格林最后一次讲授这一课程时,《法的本质》才以油印本形式出现,但是,在法理学课程中,除了讲授法的标准,他也涉及法的本质。实际上,我们可以大胆猜测，如果沃格林在准备好油印本的《法的本质》之后再讲授这一课程，他会把这一论著作为课程第一部分的基础，并相应地修改大纲。

与沃格林在《法的本质》中的结论一致——法不可能拥有一个与社会存在相分离的本体论上的存在，法正是社会秩序结构之法——《大纲》从社会秩序的标准来看待法的标准，它是历史性地展开的。因此，《大纲》反映了1952年在《政治的新科学》中已经出现、后来在《秩序与历史》中更为详尽地展示出的思想发展。其中某些问题在《法的本质》中也受到了关注，但这仅仅因为它们对于借以分析发现法的本质或实质必不可少。法理学课程讲座在那个主题上更为全面，但看来没有采取书面形式。然而，正如《大纲》所证实的，法理学课程并非以线性历史的方式呈现。面对那些相关背景知识很少乃至缺乏的学生，他首先提出一个理解框架来"界定研究领域"。然后，他讨论查士丁尼（Justinian）从立法上确定的法理学定义及其构成要素。继而他提出原初的社会秩序经验——中国、巴比伦和埃及的宇宙秩序；以色列的上帝显明的旨意；在古希腊，灵魂融入神圣的逻各斯；以及基督教中与基督的灵有分。这些思考引发讨论近东和西方的法律文化，随后讨论历史上社会危机促使思考法律的意义的方式，从以色列和先知的例子到中世纪鼎盛时期和圣托马斯·阿奎那（Saint Thomas Aquinas）的例子。沃格林接下来分析了一些可靠的法律观念的逐步退化，他的分析始于基督教王国（Christendom）的衰落与终结和众多民族国家同时崛起、实证法的最终产生（其时，哲学与启示都逐渐被认为与秩序无关）、历史与临在论思想（immanentist thought）作为法的基础而出现，以及当代法哲学思潮。课程的最后一部分解释了本世纪向原初秩序经验的回归,沃格林本人就是这一事业的重要参与者。

在法理学课程中为学生准备的《补充说明》本身就是一门有关这一主题的紧凑课程。沃格林考虑了如下话题,尽管不是以此处所列次序:交流中真实性的必要性;完全理性的行动科学(包括法律)的不可能性,除非存在一个至善,可以据此来组织所有人类行动;亚里士多德所说的善的等级;超越性经验(参与超越性存在,启示,恩典,包含迄今、当下和将来生存的所有人的"人类")。在确立这个基础后,沃格林列出了九条"法理学原则",据此可以评价三种主要的文明类型——宇宙论的、人论*的和救赎论的法律文化:(1)人的本质恒久不变;(2)自我理解(有关人在世界中的位置及其与超越性实在的关系)从笼统发展到分殊;(3)通过经验之分殊及其符号化而来的知识增长,以及不同符号化中的合理性程度;(4)这一见解:所有文明都经验到置身于超越性实在中的秩序,尽管存在不同的分殊程度;(5)经验着的灵魂与超越性实在的关联(共实体性,consubstantiality);(6)超越性经验(参与)中的认知之本质——这种经验是对超越性实在的一种回应(例如,基督教信仰是不可见之物的证据);(7)不可能定义正义秩序,因为它源于超越性实在,而且不可能从最高公理演绎出一个规则体系;(8)鲜有对超越性实在的最高程度的敏锐回应(如亚里士多德[Aristotle]、以色列先知[Israelite prophets]或圣保罗[Saint Paul]),必须研究古典资料,以便理解这些经验,并且使灵魂与实在协调一致;(9)通过灵魂反抗具体的非正义,对正义秩序的理解进步了。

---

* Anthropology 一词通常在神学中翻译为"人论",在哲学、社会学等学科中翻译为"人类学",因为译名都已经约定俗成,故本书没有统一,而是根据上下文略作调整。——编注

《补充说明》的最后片段在某种意义上是一个附录,讨论了"自然法"(natural law),涉及到这个词的不同用法和对它们的评价。

沃格林还给法理学学生分发了一个题为"秩序的符号化"(The Symbolization of Order)的油印手稿来补充讲座,这个手稿在1954年还有版权。它和1956年出版的《秩序与历史》第一卷的导论完全相同,所以就没有重刊。

沃格林告诉我们,《法的本质》《法理学课程大纲》和《补充说明》所反映的沃格林成熟的法律思想是从1943年到1950年逐步形成的。他最早发表的明显具有法学特征的作品的范围窄得多。因而,1927年的论文《凯尔森的纯粹法学》和《美国精神的形式》(1928)中的"英美分析法理学"一章(此章正在翻译)证明了他对分析法理学的兴趣,他在凯尔森名下学习时似乎便痴迷于此,这甚至持续到他在美国和法国学习结束返回之后,在维也纳大学谋求法学的私人讲师职位的时候。④

但是,我们绝不能认为沃格林曾经是一个逻辑实证主义者。他似乎一直坚持主张,关于人类秩序的诸科学要全面说明人在现实中的位置。例如(这是沃格格林告诉我们的,因为显然没有副本),1922年,他在维也纳的博士论文讨论"从自主个体之间的关系建构社会现实的本体论[问题],或假定人们之间预先存在的精神联系的本体论[问题]"。随后,他在1924年批评凯尔森把国家概念限定为

---

④ Voegelin, *Autobiographical Reffections*, 62-64; Eric Voegelin, *Anamnesis*, trans. Gerhart Niemeyer (1978; rpr, Springfield, Mo., 1990), 9-13; Eric Voegelin, "Kelsen's Pure Theory of Law," *Political Science Quarterly*, XLII (1927), 268-276. 凯尔森的 *Allgemeine Staatslehre* 于1925年问世,沃格林当时在美国学习;该书总结和扩展了他先前奠基于**纯粹法学**的作品; Eric Voegelin, *Ueber die Form des amerikanischen Geistes* (Tuebingen, 1928); Voegelin, *Autobiographical Reflections*, 38。由于 *Der Autoritaere Staat* (Vienna, 1936)出版,沃格林被擢升为副教授,讲授行政法(Sandoz, *The Voegelinian Revolution*, 48)。

缺乏文化和哲学内涵的"纯粹法"(pure law),扭曲了现实。沃格林说,在1928年或1929年之前,他已经意识到,政治理论"必须奠基于古典哲学和基督教哲学之上"(因而,我们也可以推断出,法律理论亦是如此)。自然地,他在1929年到1942年间关于德国国家社会主义的亲身经历强化了他对人类秩序之基础的研究,这些研究也证实了他的判断:政治理论(和法律理论)必须以现实整体为基础,而非以某些现实或假定的乃至错误的标准为基础。⑤

1938年至1942年的那段时间,我们可以称之为他的过渡时期,也是他作为永久居民待在美国的初期,在那些年里,他试图在美国学术界获得一席之地。⑥ 他可能不确定去政治学院还是法学院——从他思想发展的方向而言,两个都非常适合;这种潜在的不确定性可以解释为何在1941年和1942年他就四本法律科学与法哲学著作发表了书评。

每一篇书评都阐明了自己的问题。在关于詹姆斯·布朗·斯科特的《法律、国家和国际社会》(Law, the State, and the International Community, 1939)的书评中,沃格林批评这位著名作者,因为后者宣称如下命题——法律一直朝着自身良好秩序之表现进化,并且试图仅仅"借助意气相投的思想家之权威"来支持这一见解,却忽略法律史上很多并不支持其主张的情形。他还批评作者貌似没有意识到,社会中的权力结构对形成和维持良好秩序同样必要,就像它也能够产生坏秩序一样。

其他几篇书评是针对法律科学或法律理论著作。沃格林发现

---

⑤ Voegelin, *Autobiographical Reflections*, 26; Voegelin, "Reine Rechtslehre und Staatslehre";亦见 *Autobiographical Reflections*, 21, 22, 24, 25, 38, 45-53。
⑥ 沃格林1938年到美国,先在哈佛大学任教一学期,然后在本宁顿学院和阿拉巴马大学任教。1942年,他进入路易斯安那州立大学政治学院,一直待到1958年(Voegelin, *Autobiographical Reflections*, 57-59)。

它们都有缺陷，因为它们没有综合与一个完整的法律理论有关的所有要素。他对埃德加·博登海默(Edgar Bodenheimer)的《法理学》(*Jurisprudence*, 1940)表达了最大的敬意，因为作者至少试图通过不同历史时期人们经验法律现象并寻求将经验符号化的方式来呈现他的主题。尽管沃格林认为博登海默并没有将其分析或讨论推进得足够深远，以至于产生一部批判性的法律理论著作，但他宣称这部作品提供了精彩的法律理论史，适合用作这一主题的教科书。

另一方面，沃格林认为 N. S. 蒂玛谢夫的《法律社会学》(*Sociology of Law*, 1939)是不充分的，因为实证主义社会学的方法无法触及与法律主题有关的所有现实。他并不否认作者的渊博学识，也不否认这部作品在其有限范围内的价值，但他坚持认为，在具有某种法律特征的可观察现象中进行抽象活动并不能支撑一套有关法律本质上是什么和应当是什么的充足理论。

正是在对亨廷顿·凯恩斯的《法律科学理论》(*The Theory of Legal Science*, 1941)的评论中，沃格林以最坚决的态度强调，法律理论不能以自然科学的模式为基础，接着他详细列出了法律科学理论必须考虑的内容。以沃格林的标准来衡量，凯恩斯的书是失败的。凯恩斯宣称，关于法律的**社会**科学——意图以自然科学的模式建立——并不存在，但是应当建立这门科学，尽管这需要众多学者经年累月的努力。依照凯恩斯之见，建立这门科学的方法是首先收集有关人类法律行为的材料，观察其类型，并从中抽象出一般的描述性和预期性原则——这大体上也是蒂玛谢夫所倡导的程序。其次，分析多年来在许多特殊问题上得出的解决方案，建立一套基于经验的伦理原则。最后，利用这些伦理原则，加上获得的有关人类法律行为的知识，提出法律科学的一般原则，这种法律科学旨在消除无序,创造秩序。

沃格林的批判实质在于:社会科学不能以如下假设为基础而有效地建立,即人仅仅是物质,而忽略人对自身灵性(spirituality)的历史经验和他所了解到的关于自己的所有内容。由于忽略所有历史,并且假定可以把人单纯地当作一块白板(tabula rasa)或有待陶造的泥土,凯恩斯不过是在从事伪科学。沃格林对凯恩斯的批判也是对将来所有忽略人类灵性的社会科学的批判,其主要功绩就在于此。

凯恩斯对沃格林批评的简评刊登在沃格林的书评之后。[7] 有人可能会认为,凯恩斯没有理解沃格林的实质意思,即法律科学不能仅仅建立在经验现象之上,因为凯恩斯坚持以自然科学模式为基础建立法律科学的可能性,而且宣称他的书"不是历史的"。然而,凯恩斯也说他不会分析"沃格林的本体论"。因而可以正确地说,凯恩斯理解沃格林的评价,但是,正如其书充分证明的,由于拒斥人的灵性和通过哲学与启示获得的知识的可能性,除了一门以自然科学为模式的法律科学,他不能期望别的法律科学。

已经读过凯恩斯《法律科学理论》的读者在某方面可能会对沃格林的评论感到失望。沃格林一再以大段文字批评凯恩斯断言法律科学并不存在,尽管凯恩斯看来只说过关于法律的**社会**科学——指仅仅以自然科学为模式的这门科学——不存在。虽然沃格林的评论建立在对凯恩斯的这种可能误解之上,但依然无损于他基本批判的实质价值。

从回顾的角度来看,上面提到的四篇书评可以被视为组织法理

---

[7] 参见 *Louisiana Law Review*, IV(1942), 571-572。

学课程和撰写《法的本质》的准备工作,尽管时间相差十年有余。倘若沃格林当时进入法学院,而非政治学院,他很可能会更快地继续后一项工作。

罗伯特·帕斯卡尔(Robert A. Pascal)

詹姆斯·巴宾(James L. Babin)

法的本质

第一篇
法的本质

目 录

序言　29

第一章　有效秩序
1. 本质　31
2. 实体与存在　36
3. 芝诺问题　41

第二章　有效秩序与社会背景
1. 有效规则的等级体系。立法过程。社会秩序整体　46
2. 作为秩序实体的法律。作为保障实体之手段的立法过程　50
3. 关系的理论建构　53

第三章　秩序综合体
1. 综合体的结构、连续性与同一性　57
2. 亚里士多德与同一性问题的斗争　61
3. 宪法的界限问题　64

第四章　规则与规范
1. 规则与秩序的持续性　68
2. 本体论意义上的应当　72
3. 作为规范的规则　74
4. 法律规范的公共特征　75

第五章 作为规划的规则

1. 两类规划　80
2. 经验上的立法过程和哲学上的立法过程　83

第六章 法律规则的非个人效力

1. 作为自组织实体的社会　87
2. 社会的代表　90
3. 错误的积累　92
4. 强制力的使用　94

第七章 结论

1. 效力的构成要素　98
2. 法律秩序和历史上的具体社会　101

序 言

探究法的本质面临着可行性的质疑,因为古典哲学家柏拉图(Plato)和亚里士多德没有法哲学(philosophy of law)。现代法律理论在这一标题下探讨的问题在柏拉图那里出现在"正义"(justice)或"城邦的真正秩序"(the true order of the polis)等标题下,在亚里士多德那里则是政治科学(*episteme politike*)的组成部分,政治科学又细分为伦理学(ethics)和政治学(politics)。因此,任何相信这两位思想家的睿智与才干的人,在开始这种探究之际就为下述想法所困扰:或许法没有本质。由于事物缺乏本质的唯一原因是它缺乏本体论地位——它在任何存在领域中都不是一个独立自足的具体事物——这就产生了一个令人不快的问题:法是否存在。

如果柏拉图和亚里士多德是对的——如果法确实并非一种具有本质的事物——那么将会产生与历史环境有关的严峻问题,在这种历史环境中,将会出现某种幻觉:法是一种具有本体论地位的事物。但我不想提前预测。哲学探究的问题必须源于分析本身,而非通过大致浏览权威从外部引入,尽管后者也值得关注。这里不过是想警告：分析可能不会进展顺利，结果也可能出人意料。

这项探究从在我们当前日常知识领域中呈现自身的法律现象、法律人*谈论法的日常语言，以及通过日常使用的语言出现在现象表面的问题出发，避免不恰当地考虑其他因素。

---

* Lawyer一词既可专指律师，也可指精通法律之人，本书根据语境翻译。此处及后续部分所论符合一切以法律为业之人，故译为"法律人"，其主体是法官、检察官、律师、法学家。——译注

第一章　有效秩序

既然所有人都在谈论"法",似乎它是常识的一个对象,那么,赞同这一假设并且从引发本质(nature)或实质(essence)*问题的观点开始分析就是适当的。

1
本　质

法出现在众多法律秩序之中,这些秩序在相应的众多社会中被视为有效,尽管我们谈论单数形式的法,好像只有一种法。此外,各个法律秩序的内容并不完全相同。可以理解美国法律在审判中面对法国法官无济于事;即使掌握美国 48 个州中某个州的财产法,也不足以在其余 47 个州里判案,尽管这肯定有用。

在分析这个观点之前,我们必须确立分析的合法性,这不同

---

* 沃格林在标题中使用 essence 表达"本质",而在行文中把 nature 和 essence 作为同义词交替使用。故二者均译为"本质",偶尔同时出现时,essence 译为"实质",也仅是为了对应沃格尔原文表达形式,而无意思变化。这层意思的形容词"本质的",沃尔格使用的是 essential(natural 是指"自然的",在本书中几乎都见于 natural law[自然法]和 natural science[自然科学])。——译注

于分析的真实性。这个观点在整体上和部分上都是真实的,但并非随意的;它是精心构思而成,以使日常语言在本质问题面前一目了然。可能会有批评者说,当法律人谈及"法"时,心里通常想的并非多个法律秩序中显现出来的"法",而是具体的法律秩序,他对此恰好有职业兴趣;这种批评意见将会被认真采纳。然而,这不是藉着分析而有的论证,而仅仅是在日常知识层面对现象的一种附带观察。在这一层面,"法"实际上既可以指单个的法律秩序,也可以指下述意义上的法,即这一层面的批评者厌恶地称之为"形而上学的"(metaphysical)。

正确观察到的"法"的这种含糊用法,将为问题的另外一条分析思路提供起点:一个社会的实证法暗含着对"高级法"(higher law)的强烈期望——如果不是其实现的话。不过,"高级法"的问题不能在研究之初就提出来,因为展开其隐含之意需要澄清"法是否具有本质"这个问题。分析最初观点的合法性不同于其真实性,它端赖于分析中问题的产生次序;它也不被同样真实的其他观点所影响,后者针对的现象与最初观点针对的现象有部分重合。

此观点的真实性与其分析的合法性之间的区别,除了对于科学理论很重要之外,还对理解当代法律理论具有现实意义。各种关于现象的观点相互冲突,非常混乱。令人痛苦的结果是,在"理论"的名义下,从先于分析的局部观察中产生的一般化取代了分析。

虽然最初观点的合法性只能通过它在逐步展开的分析中的角色展现,目前它已经获得充分保障以反对现象层面的主张。回到分析,让我们回想一下最初观点的第一句话——法出现在众多法律秩序中,这些秩序在相应的众多社会中被视为有效,尽管我们谈论单数形式的法,似乎它只有一种。这句话表明,"法"就像一个本质的规则集(一个种[species]或形式[form]),在众多法律秩序中实现个体化,其方式就是生物物种在众多样本中实现个体化的方式。如果真是如此,我们可以比较尽可能多的法律秩序,发现它们共有的规则,由此寻找法的本质。如果发现了所有法律秩序共有的一个规则集,它就可以被视为法的本质,而有着变化内容的规则将被看作法律秩序这个"种"的众多个体的非本质特征。然而,这种"植物学的"分类方法可能使人误入歧途,只有分析将现象"分解"成概念,本质的探索才能完成。

不过,此刻我们不需要进入完整或不完整分析、完美或不完美分析的细节,因为最初观点的其他部分[即:不同法律秩序的内容并不完全相同]表明种与个体化之间的关系并不适用于被理解成有效规则集的法律秩序的情形。在动物物种中,个体之间大小的变化可以视为个体属性,而与本质特征毫无关系;与此不同,具体的法律秩序意义上的"法"——法律人在职业上感兴趣的"法"——不允许区分本质规则与被视为非本质的、从而被忽略的规则。在职业法律人的法中,只要和案件有关,每一条规则都是"本质的",即使特定的规则在任何其他已知的法律秩序中并未出现。

阻碍本质规则与非本质规则之区分的是法律规则的这一性质,我们称之为"效力"。在比较研究被理解为法律规则集的法律秩序时(如果有人要从事这项研究,意图发现法的本质或实质),某条特殊规则可能会被归类为单单出现过一例的非本质的另类之物。然而,这条规则在其自身的秩序内是"有效的",没有法律人会认为其效力因只出现一次而受损害。因此,在被观察的现象表面,效力——而非本质——似乎才是我们必须用来研究"法"的范畴。

这样一来,如果这种分析在本应当寻找效力的地方寻找本质,它是否一开始就错了?当然不是,因为分析就是探求本质,只有当先于分析的现象经验分解为指涉本质的概念,分析才会达到目标。如果分析在第一步就在效力问题上出错,那就说明最初观点有缺陷而非分析有缺陷。或许正如我们怀疑的,法作为一个有效规则集并不是一种具有本质的事物。但是,我们不能让问题止于这种怀疑。假设我们先于分析的法律经验是个错觉,将有悖于常识,尽管假设法是一种具有自身本体论地位的事物可能也是这样一种错觉。法当然是某种事物,即使证明它仅仅是一个更为综合的实体的片段。此刻的困难并不意味着分析失败,如果正确地全盘考虑,将会激励分析进展。

总而言之,从形式上清除分析的第一阶段出现的两种错误理解后,下面两项推论将有助于扫清道路:

1. 效力完全渗透到法律秩序中,以致非本质因素无一遗漏,面对它,法的本质问题让我们感到困惑。如果分析到此停止,人们会找到一种满足这种情况的理论建构。我们可以假定:"法"不是被具体社会的法律秩序个体化为种的属,相反,所有秩序的所有规则都同样地具有"法"的本质,并组成一个巨大的种的唯一样本。于是对"法"的哲学分析将还原为陈列秩序与规则,它们构成了这个巨大的种。然而,这种理解并不明智。

我们从日常经验中知道,许多法律秩序共同具有一些典型特征，比如民法、刑法、商法、行政法和相应的程序法，等等。正如我们将看到的，一旦采纳这一理解，只要法仅仅被视为一个有效规则集，它会妨碍我们探索法律秩序中没有显现的典型结构。因此，最初的观点并不完整，因为它只体现了法律现象的一小部分；而只适合我们一小部分的法律经验，却假装详尽地描述了"法的本质"，这种理解必须因其错误而被抛弃。

不过，在此仍需谨慎，因为这一观点尽管支离破碎，却是真实的，即使它把法律理解为一个巨大的种有误，却仍然包含些许真理。每条法律规则在其自身秩序中确实有效；法律作为由一个单一样本组成的巨大的种，这观念有其对应之物，尽管我们目前不准备探寻它是什么。

2. 尽管前面的理解因为上述原因必须被消除，但是，如果它至少在这个阶段满足了有效规则的问题，那么先前有关本质问题的理解肯定是错误的。比较若干法律秩序以发现法的本质，并且希望发现的本质是反复出现的法律规则集，这种尝试毫无意义，必须放弃。即使能够发现这样一种反复出现的规则集（尽管迄今无人发现），它也没有认知价值，因为我们从日常的法律经验知道，具体秩序中的每条规则的效力多多少少都"具有法的本质"——不管这个表达在进一步分析中是什么意思。我们绝不能为了下面的理解而牺牲这个初步的本质因素：那种理解将生物学模式移植到法上面，而后者显然有着完全不同的本体论结构。

百科全书式的法哲学路径试图比较大量的法律秩序以确定法的本质，这一路径并不新颖。它首次出现在公元前5世纪的智者时期（sophistic period）。在对话《普罗塔戈拉篇》（*Protagoras*）

里,柏拉图展示了致力于这一尝试的智者希庇阿斯(Hippias)。

2
实体与存在

对本质问题的分析处理目前受挫。如果我们必须拒绝认为,所有法律秩序的全部有效规则组成的一个单一、巨大的种,以表明法的本质,那么,我们只好依靠具体的法律秩序作为观察单位。进而,如果我们必须拒绝在被理解为有效规则集的"法"之内区分本质规则与非本质规则,那么,对法的本质的探究就已经陷入僵局。我们必须回到先于分析的法律经验,重新获得分析的动力。

既然问题的根源似乎在法的效力,那么我们最好思考一下关于法律秩序及其组成规则之效力的日常知识。当然,我们不会寻求一个定义,因为定义出现在分析的终点,而非开端。我们此时感兴趣的正是尚未受到分析修饰的日常语言,在这种日常语言中事物依然有意义。只有从法律人的日常语言,从其使用语言的现象表面,我们才能期望获得解决问题的指引。

在这一日常层面,我们把那些以法定形式(statutory form)——例如国会法案(act of Congress)——正式颁布的法律规则称作有效的法律规则。它们在颁布之前是无效的;如果它们与先前的法规冲突,那么,先颁布的规则将会失效;如果后来立法与当前立法冲突,那么,因当前立法而有效的规则也将无效。*Lex posterior derogat priori*——后来的法律使先前的法律失效。如此等等。

法律人普遍认为这组相互关联的日常语言是真实的,从中可以引出诸多分析思路,但我们不可能同时遵循所有思路。例如,"通过"和"国会法案"这些说法,规则的效力似乎有赖于它们。这种语言引起的问题将推迟到后面再处理。眼下我们专心于效力;效力有得有失,在时间中有生有灭。由这样的有效规则构成的法律秩序看起来有一个时间维度;它看起来终究是一个存在于时间中的实体。效力因素不利于阐明法的本质,但却可能有助于确定法的存在方式。无论探究存在问题会产生何种结果,或许将使本质问题更容易处理。

我们从这一日常假设开始:法律秩序确实存在。当某个法律秩序中的一些规则失去效力时,另外一些规则开始生效。这是有效规则之损益。法律秩序变化,但并非所有部分同时变化;在接二连三的变化过程中仍然保留着一个不变的规则库,大得足以维持秩序的同一性。眼下的法律秩序并不会为新秩序让路,但它"在变化"。事物在时间中历经变化同时保持着自身同一性,这一问题在法律秩序中与在其他存在领域中的事物那里看起来没有什么不同。一块岩石会受风雨侵蚀,但是只要变化足够缓慢,我们仍然把它当作同一块岩石;不过,如果这块岩石受撞击裂成若干部分,我们倾向于说这些部分是岩石碎块,尽管知道它们与先前那块更大的岩石有关。动植物经历生死荣枯,并在一段时间内通过新陈代谢完全改变其机体组织的物质构成,但只要其有机形式尚存,我们会说这是同一动物或植物的变化;但是,一旦其有机形式因死亡而分解,我们便不再把随后的过程当作个体之中的变化。法律秩序的情形与刚才描述的情形相似——至少看起来如此。

然而，与这种日常假设相反，我们必须反对分析的第一步获得的结论。法律秩序看起来完全有效，而且就如我们所说，效力具有"法的本质"。我们不能区分本质规则与非本质规则，尽管我们可以区分本质变化与非本质变化；我们也不能通过比较其他存在领域中事物的变化来回避有效规则之生息得失。我们必须依其自身品质来研究法。如果我们假设法律秩序是一个有效规则集，那么就必须再问：如果法律秩序的任一构成规则由于后来的法律而无效，法律秩序将会怎样？某个构成部分无效之后，法律秩序是否仍然是和先前一样的实体，只不过发生了微小的变化；抑或，这一规则集中每增加或减少一个规则，是否会创造一个新的法律秩序？答案必然是：如果法律秩序被当作一个有效规则集，那么，就各自组成部分而言，各不相同的规则集必须被视为"法律秩序"这个种的不同个体（在此暂且搁置一切有关种与个体化的问题）。国会每通过一部法律就会产生一个新的法律秩序；如果国会非常繁忙，就会出现一天之内几个法律秩序接连产生的盛况。

没有法律人会把这一结论视为最终的。他会坚持自己的日常语言，在这种语言中，法律会因新成文法而在某些方面发生变化，但法律秩序的同一性并不会由于大量有效规则的产生与消亡而受损。不过，面对其坚持，哲学家也不得不这样坚持认为。但实际上这个结论是最终的，因为从分析角度看必然如此。这里不可能有折中方案。只有意识到下面这一点才可以从这种冲突中找到出路：在日常经验中我们知道，法律秩序**不是**一个法律规则集，而是一系列这类规则集。

为了继续推进分析，我们必须引入另一种前分析的

（preanalytical）法律现象。现在我们必须研究现象的详情，它们在日常层面引发了变化的法律［法律秩序］的语言。

其中的一种现象当然已经提到过，即规则逐渐进入和脱离主体上保持不变的法律整体，这和其他存在领域中变化的事物相似。不过，这种相似不起作用，至少表面上如此。我们可以继续深入到相似情形中，更准确地找出，在这些情形中，究竟是什么导致人们认为一个事物在时间中经受变化之际依然可以保持自身同一。岩石的例子对此目的不会有太大帮助。岩石极其坚硬，但没有什么东西会像一块沉默的岩石的性质那样难于理解——有过尝试的哲学家都知道这一点。有机物更经得起检测。通常会有形态上的常项使人们初步把握个体的本质；随着遗传学进步，对显型常项更高程度的病原学理解得以成为可能。在法律秩序中发现类似有机体形式的东西，这个想法至少有启发，但前景并不见好，因为本质特征与非本质特征的区分以及不变的形式与变化的实体之间的关系已经遭遇效力的阻碍。由一系列有效规则集构成的法律秩序必然包含着我们尚未发现的某个要素。

处在前分析层次上的法律人渴望提出这一缺失因素，他或许还会疑惑为何此前没有将其纳入分析。答案很明显（尽管这一答案的简单性最终证明具有欺骗性）：如果某个规则集系列的要素由一个不变的程序前赴后继地创造出来——在我们美国，这是由宪法规定的程序——那么，这个规则集系列就被视为一个法律秩序。尽管这个不变的程序并不是出现在它产生的规则集中的一种有机形式，但仍然会为这些规则集提供关联。

乍一听，这个答案令人信服，然而，一旦人们考虑与被视为一个规则集系列的法律秩序有关的效力概念，就会怀疑已经找到答案。诚然，任何时候都存在一个有效规则集，即使在新的法律秩序概念下亦然；但是，当某些规则不再有效或"实施"，却依然属于新意义上的法律秩序——一个由程序维系的规则集序列，它们又将如何？它们消失，达到了何种无效力的不确定状态？如果我们一定要问与曾经有效的规则相关的问题，我们是不是也必须问：目前的规则从哪一个尚未出现的世外桃源中获得效力？后一个问题要特别提出来，因为在 *de lege ferenda*［正在制定的法律］这一表达中，法律实践中有一个专门术语，用于讨论那些尚不是当前法律秩序的有效部分、但人们正在考虑吸纳的规则。

因此，第二个意义上的法律秩序由有效规则与无效规则构成；它具有一个明确的包含三者的时间结构：有效规则形成的现在维度、迄今一直有效的规则形成的过去维度和将来可能有效的规则形成的将来维度。而且，正如这一说法显示的，法律秩序中过去和将来的规则并非毫无疑问就是无效规则。它们既不包括其他法律秩序过去或将来的规则，也不包括在特定秩序中现在无效却在其他共存秩序中现在有效的规则，更不包括某人漫天想象出的却在任何时代、任何法律秩序中都无效的规则。特定法律秩序的无效规则与该秩序当前有效的规则相比，具有确定的地位：或者是先前有效的规则，或者是正在制定的规则（rules *delege ferenda*）。

显然，从这些思考来看，最初将法假定为一个有效规则集过于狭隘。如果法哲学想澄清前分析的法律知识中包含的意义，就不应该把自身限定为一种实证法理论，实证法在此是指在某个法律秩序任何特定的当下都有效的法律。法律人前分析的法律知识和语言超出实证法的界限,进入其他领域,此刻我们无需进一步分析澄清,暂且可以把那些领域称为法律的历史和正在制定的法律。我们现在可以回顾一下先前的理解:法是一个由所有法律秩序的所有规则组成的巨大的种。尽管我们必须拒斥这种理解,但也要提醒一下:可能有"一些东西"和这种理解有关,而且"那些东西"的某个部分已经浮现。

3
芝诺问题

刚刚概述的问题极为复杂。在能够处理它们之前,我们必须先分析手边的大量问题。尽管这些初步的问题在结构上更为简单,分析它们将表明,求助宪法规定的固定程序作为规则集之间的联系并不能解决法律秩序作为时间中存在的、可识别的实体问题。由于诸规则集在时间中彼此相继,效力似乎也就成了类似聚光灯的东西,在规则集系列中移动。系列的每个要素都会被光短暂触碰,当聚光灯继续向前照到尚未有效的集时,就沉入无效的黑暗中。法成为规则之流,其中没有一条规则天生有效;它历经效力之当下,有如通过一条窄路。尽管这些隐喻把法变成一条本质上无效的规则之流,并把效力还原为一种稍纵即逝的性质,却依然没有足够彻底地把法的存在降为有效的法律秩序。因为,法律秩序并不仅仅由成文法通过的一般规则构成——这些成文法通常在一段可观的时间里"实施",并且为通常的"效力"提供一段尚未分析过的持续时间的表象;法律秩序显然也包括法院判决。

倘若我们此刻记住,法院判决正是"法"对于具体案件变得有效的关键,并且记住围绕每个重要诉讼的不确定氛围,那么我们必须承认,只要法院尚未就具体案件作出判决,我们永远都不会知道有效规则集究竟是什么。一旦法院作出判决,特定的规则集就成为过去——其效力随着判决得以实现,并藉此把判决纳入自身。所以,如果效力"具有法的本质",而且被称为法律秩序的系列中的每个规则集在确定的具体案件中或者属于过去——它不再有效;或者属于将来——它尚未有效,那么,"法"似乎已经从存在物领域完全消失。

从芝诺悖论(Zenonic *paradoxa*)的专业意义上说,这个结果是自相矛盾的。回忆一下这个悖论的结构有益于找到走出这一新困境的出路。最明显的悖论是运动员悖论:运动员永远无法到达终点,因为他不得不通过无数个点。这个悖论的一个著名例子就是阿基里斯与乌龟的故事。在追逐乌龟的过程中,阿基里斯永远追不上它。他必须先到达乌龟开始前进的那个点;当到达该点后,他又要到达乌龟现在所在的点;如此下去,以至无穷。你们也可以回顾一下这个悖论其他例子,比如飞矢不动。所有这些悖论都源于描述事物运动的尝试,即描述事物在连续时间里的连续运动,这借助于一条代表时间的线上的无限个静止点,而在每一点上事物被想象为静止的。不过,这种尝试并未成功,因为静止点的前后相继永远不会成为运动事物的连续统一体,无论我们如何使它们前后相继得多么紧密。

我们可以借助芝诺问题理解当前的分析困境。首先,我们把法律秩序理解为一个有效规则集,其次,将它理解为由宪法程序联系起来的一系列此类规则集。第一种意义上的法律秩序正是宪法程序创造的时间维度中的静止点；而第二种意义上的法律秩序则是一个连续体，被想象为一条线上一系列静止点。这些静止点的前后相继永远不会连成真正存在于时间中的事物的本真连续体。

这是一个令人气馁的结果，因为哲学分析的目的在于阐明日常知识中包含的意义，而非使之成为废话，即使这种废话具有芝诺悖论那种理智上的优雅。我们必须再次回到前分析的经验，以之为指引，这是因为，如果在分析日常经验过程中对象消失了，那么日常经验就不会被证明是个幻觉。不过，这一结果使我们有理由怀疑其前提有问题。我们假定法律秩序是一个有效规则集，并且把这一意义扩展为由宪法程序联系在一起的这类规则集的一个系列。鉴于这些假设导致了自相矛盾的结果，结论要么必然是：法律秩序根本不是一个有效规则集；要么"规则"与"效力"的语言包含我们不知的意义；要么法的本质无从确定，除非诸有效规则集被置于日常经验背景中，而这些经验迄今未被观察。

法律秩序就是一个有效规则或规范集，而且仅仅是这样一个集，以此假设为基础我们不能建立法律理论又避免芝诺悖论；倘若我们在分析的这第二阶段做出这个重要的中间结论，上述不同结论之间的选择余地会缩小，至少在一定程度上缩小。困难来自于以下事实：意义领域（比如法律规范的意义）没有时间维度。意义可能指涉时间中的对象、事件和行动，但它们本身并非时间中的存在物。规则的效力，即其规范性特征，是其意义的一部分，但它并不为规则赋予本体论地位。将自身奠基于规则之规范性特征之上的理论建构与规则的意义之"静态"特征紧密联系在一起,并且它不可能突破自身,成为时间中的存在连续体。

这个中间结论诚然是消极的。不过,考虑到当代法律理论中的思想混乱状况,这一结论本身以及得出这一结论的方法不可低估。在我们的时代,法律理论泛滥,形形色色的立场让人眼花缭乱,其原因在于不愿意分析那些可以从前分析的"法"的经验中大量引出的局部真理。它们留在未经分析的最初假设阶段。因而,每当我们的分析揭示了某个假设的片面性,我们就不仅通过揭示进一步假设的必要性推进了对法的本质的探索,同时也消除了围绕未经分析的片面"理论"产生的大量推测与争议。

最后,根据这些思索,我们必须消除在分析的第二个阶段看起来吸引人的一条理论建构思路。我们已经研究了作为有效规则集与规则集系列的法律秩序。但是,为这两类现象提供联系的宪法程序又是怎样的呢?法律秩序在时间中的存在既不能在规则集中也不能在其系列中找到,却可以在宪法程序中找到,这不可能吗?这一想法很有启发,但企图把分析推向这一方向也会以失望告终,因为宪法提供的不变程序本身必须借助有效规则来描述。质料意义上的宪法就是涉及一个社会内的组织、司法和最高政府机构的程序的规则集。我们再次面对一个规则集。法律秩序乃时间中的存在,给民法或刑法这样的规则集增加宪法规范集,我们一无所得。意义领域没有时间维度,这一事实没有被一系列规则的特定内容消除。规则的永恒效力并没有仅仅因为规则内容涉及时间中的程序而获得时间中的存在。因此,前面段落中的限定性表达必须补充下述见解:在程序规则联系在一起的次级规则集构成的等级体系里上下穿梭,并不能确立法律秩序的时间维度。宪法可以把立法权授予政府机构,立法机构可以制定一般规则,并把进一步制定规则的权力授予法庭与行政机构;这些授权模式可以进一步通过许多中间立法机构来阐明。但是,由于现代国家中法律秩序之复杂,时间维度依然无法获得。我们依然在一个意义领域内前行,尽管这一领域现在已经具有一个规范等级体系的结构。即使将法律理论扩展到包括由程序与授权联系在一起的规则等级体系,也不能避免芝诺问题。

第二章　有效秩序与社会背景

我们的分析已经在本质、实体和存在范畴下探究了有效规则集以其结果是消极的。我们找不到具有本体论地位的事物。现在必须以背景现象来补充那些被证明不足以作为理论建构基础的现象,这些背景现象不只一次地浮现在分析的边缘部分,但当时为了分析有序进行忽略了它们。

1
有效规则的等级体系。立法过程。社会秩序整体

在第一个观点中我们注意到,当法律人谈论"法"时,他并不一定指在众多法律秩序中个体化的法[作为一个种],而是指他具有职业兴趣的具体法律。对每一位法律人而言,这种法律就是他的国家在所有集权与分权层面的法律,诸如联邦法、州法和地方条例。在这个意义上,我们谈到作为特定国家法律秩序的美国法、英国法和法国法。具体的国家作为"拥有"法律秩序的社会出现,法作为社会固有之物出现。在第二个观点中我们使

用了这样的语言：它表明存在以"制定"规则为宗旨的组织,这些规则制定以后,就是法律规则集的一部分。我们谈论的是国会法案创制的法律规则、法院与行政机构作出的决定,等等。

因此,我们似乎可以从作为独立自足的意义领域的规则转向社会来推进分析,在社会中人们以政府机构的名义制定法律,很可能还有其目的。这并不是说规则、规则集以及其效力问题不得不被认为无关紧要而弃之不顾。相反,我们会发现,效力问题在进一步分析中以更复杂的形式重现。上面列举的现象在我们日常经验中展示的意义与它们所在的社会背景紧密联系在一起：一项法院判决并不仅仅是一条有效规则,而是在以社会后果阐明在审理的具体案件中法律是什么。成文法层面的一般规则提供了法官和行政官员在具体案件中的具体决定必须适用的类型。另一方面,宪法规则为制定一般类型的政府机构规定了程序与权力范围,这些类型又会在具体决定的层面应用于具体案件。法律秩序中次级规则集的复杂等级体系——我们仅仅指出了其代表性例子——被注入一个目的：详细说明人与人之间的具体关系中的"法"。

不过,在此我们需要谨慎使用"目的"一词。在这个时刻,我们很容易脱轨,进入这种或那种目的论法理学提出的形形色色而又界定得不太好的"理想"意义上的"法的目的"。目前,我们关心的不是某条立法措施的具体目的,而是法律规则在现象上适应社会背景的方式,关心它们拥有存在的方式,即使它们没有独立自主的存在。而且,这种参与方式比手段-目的关系之语言所表明的更为复杂。但是,正如我们将看到的,为了强调"法"与拥有法的社会之间极其重要的关系,**目的**一词不可或缺。

简单考察一下规则与规则集的等级体系,法律规则与社会现实相互交织的复杂模式将变得显而易见。诚然,人们可以把具有等级结构的法律秩序视为一个意义领域。如果成文法由有权限的立法机构按照宪法的程序规则制定,而且,如果其内容与某部成文宪法可能规定的这些实体规则不冲突,那么,可以把有效规则在某个法律秩序中的地位赋予成文法的内容。如果行政命令依赖某部成文法的正当授权,而后者本身并不违宪,依此类推,从整个法律等级体系直至最终的具体决定都不违宪,那么,此行政命令的内容就可以被视为有效。这种考察的结果可以以专题论文的形式来展示,例如,"论某国有效的民法",它利用宪法规则、成文法规则和司法判决等等作为其"来源"。

然而,这样"教理式"[教义式,dogmatic/doctrinal]地讨论法律,法律规则与制定法律规则的社会过程之间实际的相互交织不会变得清晰起来,因为制定有效的成文法规则要求的立法行为本身既不是宪法规则,也不是成文法规则,而是特定之人的一系列行为。在具体裁判层面亦是如此。例如,陪审团的审议和裁定声明并非裁定本身,法官的推理过程和他的判决宣告也不是作为有效规则的判决。因而,在一个法律秩序的等级体系中,有效规则的层次不仅可以这样通过程序授权的逻辑区分开来,而且可以通过它们夹杂的具体化行为在社会现实中彼此分开。

此外,这些不同层次的立法行为不仅仅是具有非法律特征的社会领域中的行为,而且具有"法律的本质",因为,为了形成有效规则,它们必须具有法律特征。并非每个人宣布一般规则都会形成一部具有法律效力内容的成文法。只有当特定之人采取特定的行为模式,也就是以宪法规定的形式组成并据以行动的立法机构的成员们就某些规则达成一致时,一部成文法才会形成。同样的论点也适用于法院和行政机构的具体决定。有效行为的社会现实与作为有效规则集的法律吻合。如果特定的人类行为可以根据其他规则被视为立法行为,它们就会产生有效规则,这些"其他规则"继而也是有效规则,因为它们由"根据其他规则可以被视为立法行为的行为"形成,以此类推。

"有效规则的等级体系"这一概念因而必须扩展到立法过程中,其中规则与制定规则的行为相互交替。这过程最终汇入宏大的社会现实之中,社会"拥有"在这一过程中制定的法律。然而,即使这个在技术意义上的立法过程之外的宏大现实也有一种具有法律的模式。虽然我们不说商人是立法者,但是他们的合同在双方之间具有法律效力,只要它以如下方式起草:法庭认可其约束力,并给不履行行为附上某些后果。合同法规则不仅为需要审理案件的法官,也为想缔结合约协议的人规定协议类型。缔约方未来的行为会被视为履行或不履行协议,在此意义上,他们实际上制定了约束自己的有效规则。生活在法律下的社会成员的这些立法行为如此频繁和重要,以至于为这样的行为提供专业帮助构成了律师的一个主业。因此,社会中人与人之间的关系在很大程度上具有法律结构。

然而,要是我们只考虑社会成员为自己制定的特定规则,社会现实的法律特征甚至比它表现出来的还要广泛。例如,法律不仅为下面这类行为规定了类型——它们因遵循法定模式获得立法行为的特征,而且为另一类行为规定了类型——它们因遵循其他模式获得合法行为或"违"法行为的特征。在后一种情形中,正是当人的行为在民法或刑法中的违法意义上是"非法的"

之际,它才具有法律关联性。不以任何有利或不利方式引起"法律"关注的人,其行为最完全地具备了法律的本质。言外之意是,不违法的人就是守法的人。当我们把"守法公民"与违法者对立时,这层言外之意在我们有关法律和社会的日常经验中就变得明确了。

在这个方面日常语言特别有启发,因为它有大量词汇可以用在介于守法与违法之间的行为类型。我们会说有人遵守了法律的字面意义,却违反了法律的精神;有人走捷径;有人足够精明而不被逮到;有人知道如何避免麻烦不与法庭纠缠;有人钻法律的漏洞;有人拥有精干的律师,意图利用或滥用证据法达到无罪判决,尽管罪行昭然;诸如此类的人很多。所有这些日常范畴展示了对法律与社会之间关系的全面理解,这关系如此密切,以至于社会中人的整个存在都遍布"法律",即使在某种行为类型与法律秩序规定的类型之间并不存在某种具有法律关联性的特定关系。

2
作为秩序实体的法律。作为保障实体之手段的立法过程

刚刚介绍过的现象不仅提出了一两个进一步的问题,而且开拓了一个研究领域。但是现在我们只单独挑出一个问题来考察:对"法"的含糊使用,一种指政府机构制定的有效规则这一意义上的法,另一种意义上的"法"则在某种程度上遍及社会中人的存在。在我们日常语言的这种黯淡含糊中保存着当代法学理论中很少发现的一个深刻洞见:"法"是所有存在领域中的秩

序实体。实际上,古代文明的语言中常常有一个术语,表示遍布整个存在体系的秩序化实体,从上帝经过世界与社会直到每一个人。这些术语是埃及语的 maat、汉语的道(tao)、希腊语的 nomos 和拉丁语的 lex[ius?]。例如,埃及语的 maat 意指诸神的秩序,他们通过自己的 maat 创造了宇宙的秩序。在宇宙的秩序中,这个术语特指埃及王国的秩序,这个秩序通过神圣的 maat 创造,maat 则存在于法老身上。maat 通过法老流经社会机体,并通过王室政府与官僚等级体系一直下降到审理具体案件的法官那里。由于 maat 的中介作用需要它自己的理解与知性表达,这个词就获得了关于秩序之"真理"("truth" about order)的含义;由于这一真理的知识并非为政府独占,因此人们可以借助关于秩序真相(the truth of order)* 的常识来衡量实施的法律,臣民也可以强烈抗议对 maat 的背离,并批评官员的行为。

埃及语的用法会澄清当前的问题,因为 maat 的笼统的符号化(compact symbolism)表明,在我们日常语言的含糊背后存在着遍及存在秩序中的实体经验,而社会秩序只是这存在秩序的一部分。就社会秩序而言,这实体遍及其整体中,包括我们今天区分为立法过程的那一部分。法律本质上是社会固有之物,尽管这种固有方式由于下述事实而变得复杂:法律必须受到有组织的人类行为的保障,我们把这类行为称为立法过程。

这样一种假设将比奠基于割裂的立法过程现象上的其他理解更符合"违法者"与"守法公民"的日常语言。例如,如果孤立

---

* 沃格林在本书中用 truth about order、偶尔也用 truth concering the order 表示"对秩序的真实认识",是认知意义上的;他根据语境给 truth 加冠词,以 a 居多。The truth of order 则指秩序本身的真实存在,或以他本人的术语来说即"真正秩序"(the true order),指本体论意义上的。因此,前者译为"关于秩序的真理",后者译为"秩序真相"。——译注

地对待刑法及其犯罪类型,特别是如果以如果-法律(if-laws)的形式来表达刑法,那么,它可以而且实际上被构想为大量规则,这些规则命令法庭以特定行为——称为审判、判决与执行——回应那些符合法律的"如果"部分的行为。在这种构想下,法律秩序不会禁止谋杀、盗窃等等,而只把某些结果加诸这类行为,让公民酌情避免或寻求认可。规范性,即"你不应当",将从刑法的实体规则中被去除,而且,说某种犯罪是非法行为,或者说犯罪的人是违法者,都将毫无意义。这样一来,在我们的日常法律经验中,被理解成"惩罚"的某些结果为何应当被加诸被理解成"犯罪"的某类特定行为,其原因将不再是法哲学讨论的问题。这类问题将属于法律之外的"道德"目的领域。"守法公民"的意义也将消失,因为根据有效规则集规定的类型统摄的行为,这样的公民的任何行为都不能被判定为具有法律关联性。

反对这种构想的论据与反对芝诺悖论的困境的论据相同:分析的目的不是使前分析的法律知识变得一文不值,而是澄清其意义。因而,我们必须倾向于这样假设:作为保障本质上社会固有的秩序实体的手段,立法过程是有意义的。而且,这一假设受人欢迎的原因尤其在于,有效规则集意义上的法律秩序很少以"你应当"或"你不应当"这样的规范语言表达出来。成文法常常描述这类事实、事件和行为:它们因其他类型的事实、事件和政府机构行为而在法律上有了关联性,而后者又是在符合或违反第一级类型情况下产生。设计这种类型链条的目的在于保障社会关系中的秩序,这一点并不必然在某部法律文本中清晰说明,尽管所谓的立法者意图可能会在该法律的"序言"中明确陈述。尽管如此,在现代重大的法典编纂中,意图被预先设定,编纂者的法律技术集中在构筑能够最大可能实现这一意图的类型。因而,通常使用的法律规则或规范的语言总是必须被理解成根据其规范意图来解读的法律文本。原则上可以通过定义和命题来构筑整个法律秩序,而无需使用规范词汇。

概括这些思考我们可以说:立法过程具有法的本质,因为其目的是保障社会中的秩序实体,社会中的秩序正是我们必须从中寻找法的本质的领域。

3
关系的理论建构

刚刚指出的那些关系已经推动法哲学中的大量理论建构。主要类型如下:

1. 在柏拉图和亚里士多德那里,重点在于社会中的秩序实体,尤其是希腊城邦的秩序。探索城邦的真正秩序是哲学家的主要任务。具体规则之制定基于以下方面:它们表明了社会中的真正秩序,如获通过,它们会保障秩序。立法过程的研究基于其组织化是否会产生保障真正秩序的规则。

2. 立法过程随着现代民族国家兴起而成为兴趣的中心。在与教会和帝国的权威、罗马法和庄园的权威斗争中,新兴民族国家的政府坚持国家在立法上的最高权威。作为国家代表的君主成为拥有至高无上权力的立法者。所有有效的法律都出自于他,不管是直接地,还是源于他授予立法权的代理者。

然而,虽然重点转移了,立法过程还不是独立的。这一认识依然得以保留下来:至高无上的立法者必须保障并非由他们创造的秩序实体。这正是 16 世纪博丹(Bodin)代表的那类理论建构。法律在两个方面得到承认：有效规则的等级体系和立法权威的等级体系。有效规则的等级体系将神法(divine law)和自然法置于顶层,顶层之下是君主的成文法;接下来是习惯法,只要它与王国的成文法不冲突;继而是地方法官的裁决,它由更高层来确定,在法律范围内发挥作用;底层则是臣民的法律事务——买卖、劳动契约、婚姻、遗嘱等等。立法权威等级体系的顺序则正好相反,始于臣民,向上经地方法官和国王,以上帝为顶点。

然而,在 17 世纪,君主的立法过程与自主的秩序实体的联系在霍布斯的理论建构中已经明显地被削弱了。霍布斯把秩序实体简化为共同体中的和平之前提。由此产生的秩序是否表现了犹太-基督教的实质——博丹依然在设想这一问题——成了任凭主权者自行处理之事。英格兰联邦(Commonwealth of England)是否具有基督教特征不再是一个实体秩序的问题,而成为了一个历史偶然的问题。

3. 随着 19 世纪与 20 世纪世俗主义发展和哲学衰落,立法过程实现了完全的自主,即理论家将实体秩序问题从法律理论中剥离出来。而且,他们表现出一种把立法过程本身一分为二的趋势——有效规则与其创制行为,并且使每个组成部分都独立地成为理论建构的基础。结果就是规范法理学与社会法理学的平行发展。

4. 规范法理学的典型例子是凯尔森的"纯粹法学"(Pure Theory of Law)。在该理论中,立法过程独占"法律"的名号,因为凯尔森把规范和与法律相关的行为融入一个规范领域。凯尔森的等级体系的顶点是一个假设的基础规范,后者要求社会成员遵照最终源于宪法的规范行事。宪法中表达的权力结构是法律秩序的源头,假设的基础规范处于法律秩序的顶端,这仅仅是为了使最高的秩序化行为可以被理解为遵照某条规范的行为,这样一来就封闭了这个规范体系。

根据凯尔森,法律和国家是同一规范性现实的两个方面。由于假设的基础规范取代博丹的神法和自然法成为等级体系的顶层,实体秩序的问题就被消除了。任何在社会中有效确立自身的权力都是立法权,在其假设的规范之下,它制定的任何规则都是法律。真正秩序与虚假秩序,正义秩序与非正义秩序,这些古典问题不再属于法律科学,因而根本不属于任何科学。因为,除了规范法理学,凯尔森唯一承认的社会科学是"社会学",它被界定为一门关于人类行为及其因果关系的科学。亚里士多德政治科学(*episteme politike*)的整个领域不是科学,因而不值得理论家关注。

5. 在试图把立法行为作为理论建构基础的情况下,很难挑出一个代表性体系。相反,摆在我们面前的是各种各样的法律"社会学"尝试。创建者根据兴趣,要么关注宪法过程和立法过程,要么关注不同层级的法庭判决,或是公众及其小团体的行为。立法宗旨与法律功能的丰富词汇显示出人类与他们生活其中的社会的秩序之间的诸多关系,这些词汇包括国内和平、福利与社会保障;自由与财产;阶级利益与群体利益;保护弱者;调节、威慑、预防与恢复;合法行为与非法行为、社会行为与非社会行为,等等。

这类术语和它们藉以产生的社会学理论之间的共同之处在于它们前分析的特征。这种研究尚未推进到哲学意义上的真正秩序的诸标准逐渐显现的地步。它们总体上反映了在规范法理学中同样显而可见的哲学衰落状态。如果研究突然停止,不去观察法官行为、压力团体的诉求、政治运动的意识形态、守法或违法行为的心理、立法改革和司法改革的需要这类现象,那么,法律作为社会的实体秩序,其本质就不会成为分析的对象。

第三章　秩序综合体

有效规则集意义上的法必须被置于创制它的过程的社会背景中；立法过程转而必须被置于通过这一过程保护其实体秩序的社会背景中。整个综合体是一个意义单元，一个实体。因此，**法**这个词的意义会发生变化，无论被用来指称整个综合体还是其部分。这种情况引起的含糊只能借助一种和日常用法差别极大的人造术语来避免——不过并不建议采取这一程序。因而我只有在必要时才引入概念区分，并且小心翼翼地使用传统词汇。

1
综合体的结构、连续性与同一性

在这个时刻有必要这样谨慎，因为我们必须区分：(1)法律规则和立法过程意义上的"法"，(2)社会实体秩序意义上的"法"。我们将把整个综合体的这两个领域称为它的法律领域与社会领域，或法律方面与社会方面，并且认识到，整个综合体就是这样一个实体：我们在寻找"法的本质"时寻求的就是它的本质。"法律的"一词在术语上变窄并不意味着本质上变窄，因为我们认为这是确定的：法律秩序作为规则集，没有本体论地位，因而既没有本质也没有存在。

在这个作为整体的实体的结构中，我们可以分辨出两种本质的张力：(1)由于有组织的立法过程显然是维持实体秩序存在的必然手段，在社会的实体秩序与立法过程之间存在着张力；(2)经验上存在的社会实体秩序与经验秩序缺乏的真正实体秩序之间存在着张力。

目前我们只讨论第一种张力，法律秩序被定位为在社会中实现实体秩序的手段。而且，在这种非常复杂的关系中，我们将首先突出这一关系对于统一体的社会方面的重要性。我们必须重新思考有效法律秩序的问题。当我们在社会中找到为法律秩序赋予时间中的存在之重要性的事物时，就必须再问：我们谈论美国法、意大利法、法国民法或行政法的历史时所说的"法"，它的意思是什么？显然，我们的意思并不仅仅是有效规则集或规则集系列，而是允许来自社会方面的意义成分进入我们的语言。

如果我们思索一下宪法的某些界限问题，社会方面特有的发挥重要性效应会变得清晰易懂。

如果法律秩序被理解为有效规则集或规则集系列，那么借助程序规则的中介联系，秩序的所有组成部分将从质料意义上的宪法那里获得效力。通过与其创建程序有关的规则，法律秩序被建构成一个可识别的意义单元。当然，这种建构表面上的清晰受到前面提出的、与规则的下述状况有关的问题影响：它们曾经在宪法下有效,但现在无效,或者有些现在无效,但将来会有效,不过我们目前仍得把这个问题搁置起来。我们将思考宪法本身所谓的"变化"现象,以及它可能包含的修正条款。

诚然,从原则上说,相同的主张既适用于宪法规则集,也适用于次级有效规则集:规则集不会因为规则增减而"变化",但会转变成另一个规则集。不过,藉着宪法程序我们已经到了规则等级体系的顶端。宪法之上再没有宪法可以把一系列宪法集连接成一个法律秩序,就像成文法的次级规则集被宪法联系在一起那样。我们到达了边缘,在此再也不能通过在系统内部退回到一个程序上更高的规则集来解决效力问题。我们面对的现象是:法律效力有法外渊源。

从这个关键之处分出来多条分析路径。首先,这一问题可以通过凯尔森以其假设的基础规范尝试过的那类理论建构来消除。这种建构的目的是用一条规范把产生宪法的过程置于顶端。这条假设的规范把法律效力赋予宪法本身,并且封闭了法律"体系"。必须拒绝这一建构,它在分析上毫无意义。它没有分析任何东西,而是停止探索法的本质。在科学中,我们的兴趣在于研究实现,而非妨碍研究的某个"体系"的建构。

第二条路径始于博丹,把用于立法过程的规范等级体系区分为神法和自然法。我们在此实际上进入了新现实领域,也就是法获得其效力之权威来源的领域。不过,我们目前先不沿袭这条道路,而是留到以后研究;因为除了"神法和自然法"符号所指的权威之外,还有一个进一步的权威来源,即组织化的社会权力之权威。当博丹使君主从自己的剑和上帝那里获得至高无上的立法权时,他就在自己的法哲学中考虑到这一权威。

当"现存的权力"(powers that be)制定法律时就将效力赋予法律,而且它们首先有权要求我们关注,因为一个社会的权力结构是这一现实:在质料意义上的宪法规则中,它在法律上变得清晰。

宪法规则力图为社会创造稳定的秩序,其方法是把代表社会实际权力表达的最高秩序化权力赋予政府机构。如果宪法的制定者正确地诊断社会实际的权力表达;进而,如果他们还技艺高超,懂得如何在法律上表达他们社会的权力现实;最后,如果进入宪法的权力结构是稳定的,那么,宪法将会维持下去。我们暂且把正确诊断和技艺的问题搁在一边,如果权力结构不稳定,宪法不会维持下去。在那种情况下,暴力事件多多少少都会发生,宪法规则不得不通过使用、解释、正式的修正或完全的取代来适应变化的权力结构。

这些适应现象现在引起了有关法律秩序同一性的问题。如果革命产生了一个国家和一部新宪法,而这不是由先前宪法规定的程序创建,那么,某个法律秩序就走到了尽头,一个新秩序出现了。面对这种现象,如果我们采取把法作为源于宪法的有效规则集这一建构,那么结论就是:伴随着新法律秩序,一个新"国家"已经建立,它不同于先前宪法下的旧"国家"。人们确实尝试过这些理论建构,并得出其逻辑结论:尽管成文法挺过革命没有变化,但是它的效力不是源于旧宪法,而是源于新宪法。不管法律规则主体部分的连续性,只要宪法的连续性遭受了革命性中断,一个新法律秩序就被创造出来了。只要可取,人们就会做出特殊的法律安排,来联结新国家与其前身。革命政府频繁地赞同这种建构,因为这似乎为它们赋予了拒绝偿付革命前的政府债务的权利。与之相反,这种拒付行为的受害者要是拥有权力的话,则会坚持认为:法律秩序的革命性更替并未免除这种责任;而且,经历权力结构变化的社会依然是同一个社会;在革命前的政府和革命后的政府之间具有一种连续性,这由社会的连续性所规定。

2
亚里士多德与同一性问题的斗争

亚里士多德深受这类问题困扰。他把形式与实体的范畴用于城邦,并假定政体(*politeia*)*是形式。他在思考人造物、有机体和目的性行为的本质时逐步形成这些范畴。尽管这些范畴适合这些模型,但是应用于城邦时出现了困难。如果政体是一个社会的形式,那么社会的实体是什么?是公民吗?如果是公民,公民又是谁?城邦领土上的每一位永久居民是否都被视为公民?但是,这样一来,奴隶和医生也成了公民,这种用法将和前分析的日常语言冲突。一个人是否只有参与政府运作才应该被视为公民,即使不在高位,至少在公民大会投票?即便如此,这种定义会面临困难,因为并非所有城邦都具有民主的形式。在一个僭主政体或寡头政体中,并非所有自由民都有公民大会投票权,尽管他们不会因此而丧失公民身份,降到医生或奴隶阶层。无论如何,虽然亚里士多德承认

---

* 根据吴寿彭先生解释,亚里士多德所用 politeia 有"政体、政制、宪法、政府"诸义,且相互联系; politeia 在英语中一般译为 constitution,后者同样有"政体、政制、宪法"之义;参见亚里士多德:《政治学》,吴寿彭译,北京:商务印书馆,1965年。——译注

将公民定义为参与政府运作的人更适合民主制而非其他政体,但他并未推进这一分析,因为他想保留政府形式——政体,作为城邦的形式。不过,这样做时,他必须把公民——填充形式的实体,定义为在形式中具有位置和职能的人。

这种建构在识别城邦时产生了进一步的困难。如果政体是城邦的形式,并且,一个事物在本体论上由其形式构成,那么,在亚里士多德时代的希腊城邦国家中,处于频繁革命中的城邦将会怎样?是否每当寡头制推翻民主制就会产生一个新城邦,或反之亦然?还是说,虽然政体形式的连续性被中断,但雅典依然是雅典?最重要的是,当寡头政府借债时城邦是否在起作用,或者,后来的民主政府是否可以拒绝偿还这笔债务,因为寡头们仅仅代表私人利益而非公共利益——这种主张显然非常有利于民主派的领导人?对亚里士多德而言,这类性质的问题的答案取决于终极问题的答案:尽管城邦的成员乃世代繁衍生息的人们,因而从来没有相同过,但我们是否仍想说,只要人们及其住所依旧,城邦就仍然是同一个城邦?

亚里士多德把这一论证从秩序的社会方面推到相同的芝诺困境,而在研究之初,我们从有效的法律秩序方面把它推向这里。社会是一个由人构成的实体。如果我们要把社会等同为其成员,那么,由于成员每天会因生死而增减,我们就找不到在时间中持续存在的社会,而是每天都有一个新社会。因而,城邦绝不能以人来定义,而必须以其形式之实体——公民——来定义,而形式就是政体。如果政体相同,城邦就是相同的,无论其公民实体是增还是减。亚里士多德以下述断言结束了分析:这里没有一项会影响以下问题——当政体(*politeia*)改变时,城邦是否应当偿还其债务。他让这个问题悬而不决,正如他让寡头政体或僭主政体内公民地位的问题悬而不绝一样——在其中公民并不参与政府运作,而且,他对雅典经历多次政体变化之后的持续存在问题亦是如此。

亚里士多德的这些论证对我们的分析相当重要,因为我们从中再次遭遇了芝诺悖论。在法律规则的效力、法律规则集和规则集序列的悖论困境中,我们从社会中寻求帮助,将其视为时间中的存在。亚里士多德发现,社会是人在时间中的流动,永远不会凝结成在时间中具有任何绵延形式的社会同一性;于是他在政体中寻求帮助,当它的实体——公民在时间中变动不居之时,作为形式的政体却持续存在着。这最令人苦恼。亚里士多德的分析似乎阻止我们遁入社会,而我们的分析又阻止我们脱离社会、遁入以宪法为顶点的法律秩序的持续存在。尽管如此,我们无需绝望。亚里士多德是分析大师。如果他的结论令人不满意,那么,和每一项进行妥当的分析一样,他的分析至少会揭示出困难的原因。原因就在于把形式与实体的范畴毫无批判地转移到存在领域——而这些范畴并非为了这一存在领域而形成。

当亚里士多德试图建构灵魂的理智形式时,这种转移不仅导致他政治学中的困难,而且导致他心理学中的困难。这又导致中世纪的经院主义人类学和心理学中的无尽困难,在那里,灵魂在思辨中被当作人的"形式"。在目前这个例子中,这种转移妨碍了亚里士多德恰当地将(《政治学》第三卷中的)他的城邦"形式"理论与(《政治学》第一卷中的)城邦本质理论联系起来。他没有充分分析以宪法为顶点的立法过程的问题,也从未彻底阐明这个问题与"在时间中持续存在并得到立法过程保障的城邦秩序"的联系,不管是民主的立法过程,还是寡头政治的立法过程位于等级体系的顶端。这些评论应当成为警示。我们正在处理的这个问题甚至令亚里士多德困惑。因此,在每一步分析中都必须极为谨慎。

3
宪法的界限问题

法律秩序的同一性[连续性]显然存在许多问题。我们必须求助于前分析的现象以避免误解。权力结构发生革命,法律的连续性却未中断,这一现象状况可以为我们理解法律秩序与社会现实之间的关系提供一些帮助。例如,在19世纪和20世纪早期,从绝对君主制向代表立宪君主制的过渡多次受到绝对君主强加宪法的影响。在这样一种钦定宪法情形中,人们可以提出如下问题:产生的法律秩序是从新宪法还是从强加宪法的绝对君主颁布的法令那里获得效力?迫使君主让步的政治力量领袖会从新生效的政治权力的权威中获得新宪法的效力。君主喜欢从他未受影响的权威中获得其效力,并主张有权通过自己持续的权威废除它,只要国家利益需要。尽管双方在政治事务上存在分歧,但一致认为:以宪法为顶点的法律秩序的效力与社会中政治权力的权威有某种关系。由此可以理解,19世纪立宪运动的领袖极少赞同钦定方法,因为它在权威的来源方面造成了一种模棱两可的状况。

德国国家社会主义革命中围绕其立宪政策的奇特之处提供了进一步的启发性现象。由于"合法性"在20世纪的群氓心理中呼声甚高，国家社会主义领导层小心地利用《魏玛宪法》（Weimar Constitution）规定的修正程序修改宪法规则，以适应新的权力结构（此前意大利的法西斯政府至少在一段时期里使用过同样的方法）。结果是接连产生了德国宪法学者的大量专著，有些人辩称《魏玛宪法》依然有效，有些人主张权力结构的革命性变化已经创造一部新宪法，尽管还有合法性的游戏。在这个例子中，根据体系内的程序效力还是根据社会权力结构产生的权威来理解法律秩序的同一性，成为一个更为重要而迫切的问题。

最后，我们自己的宪法史提供了一个重要的现象。制订《1789年宪法》（Constitution of 1789）的程序并未由《联邦条例》（Articles of Confederation）所规定。就程序效力而言，费城制宪会议（Philadelphia Convention）是一次革命性会议，法律秩序的连续性已被中断。然而，虽然**革命**一词在使用中通常与1776年及以后的事件联系在一起，却极少与1789年的事件联系在一起，尽管宪法的连续性被中断，而且几个州批准新宪法的方式并不都可以称得上甜蜜与理性。如果从独立运动开始到制定《1789年宪法》的整个时期被视为一个社会过程，则其独特性将清晰易懂；在这一过程中，这个成长中的国家在殖民地之间的关系、州之间的关系和战争砥砺等困难中曲折前行，获得其权力外观，经过大陆会议（Continental Congress）和《联邦条例》这些令人不满的试验之后，最终确立了宪法，该宪法既有效，同时也表达了新国家权威的权力结构。在1776年至1789年间的事件中，《美国宪法》（American Constitution）的产生或许为新社会中权威权力的生长提供了最好的具体实例，它实际上伴随着为稳定的结构设计法律形式的精湛技艺。这个例子对我们的分析特别重要,因为"社会过程之持久",以及"合法性与合宪性问题"从属于"创建并组织国家之问题"的方式,都清楚地表明复杂的法律现象之重要性所在。

各种例子至少会阐明与法律本质有关的一个问题。有效规则集意义上的法律秩序根本不是一个独立的研究对象。它是一个更大现象的一部分,除其他事项外,这个现象包括了人类在具体社会中建立秩序的努力。而且,这个更大的现象也不是有效规则和社会过程之类可以很好地分离之诸部分的合成物。现实的权力结构及其权威进入规则本身的效力之中。因而,争论产生了:应当从合法性方面还是政治权威方面来理解一个既定规则集的效力?

这两个组成部分之间的奇特关系在冲突中变得尤为明显。我们可能会说,在通常情况下宪法中的修正程序足以承受现实权力结构的微小变化,并规定效力的连续体,后者在法律秩序方面表达了拥有这一秩序的社会的持续存在。然而,一旦权力结构的变化达到革命地步,用"效力连续体的断裂"来表达"权力结构连续体的断裂"有时似乎就是可取的。不过,权力结构连续体的断裂属于社会连续体之内的现象。革命政府常常不承认这一连续体,有时候就需要外交政治领域的抗议来提醒革命政府:与连续的社会相似的法律连续体确实存在着,而且并未被情绪化地破坏世界和建立世界的革命事件所摧毁。

第四章　规则与规范

我们面临以下矛盾：

一方面，从现象来看，法律体现在多个法律秩序中，后者被理解成有效规则集。这些规则集拒绝在本质和个体化范畴下的分析。这里的障碍就是效力，它将法律秩序遍及每一条规则。尽管如此，当分析追查效力至其结果时，芝诺悖论中的法律秩序完全消失了。规范性领域的保证不能够把本体论地位赋予法律秩序。

另一方面，这一结果和日常用语中证明"法"存在的现象不符。在每一个国家里，成文法、行政命令、行政决定和司法判决构成一个文献库，并在现代工业社会立法和行政需要下急遽增长，没有人会否认其存在。"法"如此大规模地存在，以致我们建立了职业学校，即法学院，从而使未来的法律人在几年课程中尽可能多熟悉这个宏大现象。

这些矛盾的出路首先在于承认：尽管法律秩序自身没有本体论地位，却是这一过程的一部分——社会藉此过程存在并在有秩序的存在中保存自己。更大的实体才是研究对象，而且法律秩序确实存在,因为它是更大综合体的一部分。而且我们已经确定,在这个包罗一切的实体中重要性在于社会方面。假设探究法律本质得到的这些结果业已确定,现在会出现进一步的问题,它们涉及法律秩序及其规则参与有秩序社会的存在的方式。第一个问题将是根本的:规则在社会存在及其秩序化过程中发挥作用,这在本体论上如何成为可能?

1
规则与秩序的持续性

我们必须再次求助于对规则或法律的前分析理解。当我们说某事"像规则一样"*发生时,我们的意思通常是,一旦状况 S 具备,事件 E 就会发生。状况 S 的作用是作为事件 E 极可能发生的一个条件。陈述状况 S 与事件 E 之间关系的规则表达了一项严格的经验观察。我们无需假定 S 是 E 的"原因",或可以期待下述情况:E 跟随着 S,或者,当状况 S 具备时,E"应当"或"不应当"发生。此刻我们感兴趣的是规则的本体论涵义:状况 S 与事件 E 是可识别的;它们重复发生;它们在规则表达的关系中高频率地重现。我们可以得出结论:只要具备可识别的典型状况与事件,只要状况和事件重复发生,只要它们以此频率并联系在一起重复发生,以致这种联系本身具备可识别类型的特征并且可以由"规则"表达,那么规则就会在社会中发挥作用。

实际上,社会秩序具有由典型因素、典型状况和事件以及它

---

* 原文为 as a rule,意为"通常""一般说来",此处根据沃格林用意从字面直译。——译注

们之间的典型联系构成的清晰结构。看看任何一个社会的法律秩序，人们就会发现这种典型结构，它受规则管制。在民法和刑法这样的法律秩序中一再出现这样的大型综合体。例如，在民法中我们发现了人法、物法、责任法、婚姻家庭法、继承法这样的典型的亚综合体，涵盖了人的身份、人与外部世界中的对象的关系、人们之间的契约关系、存在和消亡的家庭单元的秩序。如果社会变动不居，缺乏一个由恒常要素与重现构成的结构，那么规则毫无用处，因为它们没有用武之地。规则可以用于秩序化过程，因为社会秩序具有在时间中持续的结构。

我们将谈论秩序的这种"持续性"特征，以免混淆这个本体论问题与一般规范及个别规范的问题。如果规则确定的类型适用于不计其数的人、行为和状况，我们谈论的就是一般规则；如果它涉及特定的人及其行为，我们谈论的就是个别规则。无论规则是一般的还是个别的，它能够起作用仅仅因为它适用的现实是持续的。对于争夺某财产所有权的 A 和 B 两人来说，如果这项财产有面对法庭判决就消失的特性，那么争议就毫无意义。如果 A 和 B 两个人的生活安排迅速而彻底地发生变化，以致谁拥有争议财产对他们都没有意义，情况亦是如此。具体案件中的个别判决只有在下述条件下才有意义：A 和 B 两个人的生活有一定的延续时间；他们的生活具有一个稳定的组织；A 和 B 生活中的物质条件及人际关系具有持续重要性；等等。当某人 A 向法庭申请限制性行为时，比如强制令，这种持续性特征变得特别明显。法庭受请求命令另一个人 B **不要**从事可能干扰 A 生活的持续结构或其中某些部分的那类行为，比如在商业企业中；为了防止预期干扰，强制令是必要的，因为 B 的生活同样拥有持续的组织，其中充满了"干扰 A 生活的行为"之持续可能性。

结构的持续性遍及社会秩序，进入每个成员的具体生存；而持续的秩序在每个人日常行为中的这种具体性使它不仅对所有类型的状况和行为的一般规则成为必要，且需将细节当作"非本质的"忽略不计。具体案件中的个别判决是必要的，因为持续的社会秩序作为个体成员生活中的秩序在本质上是具体的。我们在社会方面再次触及效力问题。如上所见，我们不能把法律秩序分成本质规则与非本质规则。在每一条规则中，效力都具有法律秩序的本质；现已显明，效力在法律秩序中的这种无所不在特征表达了持续的社会秩序中无所不在的具体性。

持续的秩序结构是人在社会中的存在结构。这一结构正是亚里士多德意义上的政治科学的主题。这一持续结构的主要成分是人在家庭和家族中的生理性存在的组织、他通过劳动分工和商业实现的功利性存在的组织，以及他在政治社会中的理智存在与灵性存在的组织。这里也包含了存在领域——社会及其秩序，从中可以区分本质之物与非本质之物。不过，尽管取得了一些看似牢固基础的东西，令人愉快，我们也必须牢记亚里士多德与社会中"形式与实体问题"（problem of form and substance）的斗争。一些思考将会在最大程度上澄清这一点。

在亚里士多德的《政治学》中，（第一卷）对城邦本质的研究没有恰当地和（第三卷）对城邦形式的分析联系在一起。人类共同体的本质在城邦中完全展开，因为城邦为充分展现人的本质提供社会环境。只有一个有着足够疆域和财富的共同体才会使职能分工达到这样的程度，以至于至少对那些期望过沉思生活（bios theoretikos）、并愿意为之辛劳的人来说，这一生活是可能的。城邦被定义为一个共同体，其中有余地来组织"优良生活"（第一卷和第七卷第一、二、三节）。在亚里士多德对术语的通常使用中，城邦的这一"本质"也应当是其"形式"。

但是，第三卷对形式的分析与这些术语通常的同义使用相冲突——这一冲突指出一个问题：城邦的秩序并不是城邦固有的，不像有机体形式是某个植物或动物物种的样本固有的那样；相反，需要人类行为使这种秩序成为固有的。而且，在社会中提供这种行为的力量可能会改变自身结构，而不损害这些改变所在社会的同一性。我们所谓的立法过程的组织以及在特定时间实施这些过程的社会力量之格局与社会中秩序的本质并不一致。人们不可避免地会问下述问题：如果社会及其秩序与特定的权力格局及其立法过程不一致，那么，我们要在社会秩序中漫游多远才能找到终极单元——那一刻的权力格局仅仅是其分支？

这个问题打开了一个广阔的探索领域，其详情超出了我们的分析范围。我们只关心问题的概况。

诚然，亚里士多德看到社会的范围大于当时的权力格局。希腊城邦具有典型的权力格局序列和相应的"政府形式"序列，在君主制、贵族制、平民起义、庇西特拉图（Peisistratus）式的僭主制、寡头制，以及不同程度的激进主义民主制之间循环。对柏拉图和亚里士多德而言，最小的观察单位不是单个的"政府形式"，而是整个形式序列。城邦中政府形式的循环成了研究的对象。现代循环理论在扩大社会及其秩序的范围方面走得更远。在汤因比一类的理论中，秩序单元并非单个的希腊城邦、单个的美索不达米亚城邦国家或单个的现代民族国家，而是整个文明社会,它包括多种亚单元及其历史维度的整体。在庞大的文明社会的秩序之外,整个人类秩序的诸问题开始出现:在人类历史的不同时期,当文明社会相互冲突,也许是相互征服,以致罗马帝国之类的多元文明帝国毫无疑问地成为巨大的社会秩序单元时,这些问题变得尖锐。正如我们将看到的,尽管我们说不关心细节,但是这些范围——最终扩展至人类的范围——的原则对法理学的问题相当重要。

2
本体论意义上的应当

规则可以用于社会的秩序化,因为社会中人类存在的秩序具有持续性的特征。一旦确立这第一个要点,接下来的问题就是:规则如何用于社会秩序目的?在上一节我们必须强调规则的本质是关于状况、事件和行为的关系中的经验规律的观察。尽管如此,一条规则显然并不意味着一个可以被证明或证伪的命题,即使一条规则常常容许做出如下可能性极大的预测:人的行为会遵循它。法律规则意味着"规范",它们在社会秩序方面的目的是"规范性的"。现在这类表述很容易出现在前分析的用法中,但包含一些棘手的问题。比如,我们先前已经注意到,现代法典很少以规范性语言来表述,而且必须使用背景指标将类型的实际定义和描述理解为规范。因此,我们的分析必须试图在法律规则的含义中分离出规范性成分。

规则必须用于社会的秩序化,因为社会并非具有有机起源且经历荣枯的动植物个体。社会的产生、持续和谐的存在以及延续下去,依赖于构成它的人类行为。人的本质和行善或作恶的自由是社会结构中的本质因素。社会存在的秩序既不是一个机械装置,也不是一个有机体,而是取决于人们明确规定并且维持社会秩序的意愿。而且,社会秩序也不是一幅要以良好意愿转变为现实的蓝图。它必须依靠人们大量的想象与实验、大量的反复试验来发现;它也需要完善,而且必须改造以适应变化的环境。在标准与实现之间,在实现标准与可能达不到标准之间,在探索秩序知识与这种知识在明确规则中的具体化之间,在规划的秩序与实现的秩序之间,在"应当"与"是"之间,社会秩序中存在着前面说过的那种张力。

这一张力终极的、不可简化的根源是一组经验,在分析法律本质时仅仅能勾画它们的轮廓。

人拥有通过自身生存参与存在秩序的经验,这个秩序不仅包括他自己,而且包括上帝、世界和社会。它是这样的经验:在创造无所不在的存在秩序的符号时,它变得明确;先前指出的埃及语的 *maat*、汉语的**道**或希腊语的 *nomos* 都是这类符号。人进而体验到焦虑(anxiety)——为可能脱离这一存在秩序并因而被取消存在中的伙伴关系而焦虑;相应地,他也体验到使自己的生存秩序与存在秩序相协调的责任。最后,他体验到与存在秩序可能的脱离和协调都依赖于他的行为,也就是说,他体验到自己的生存秩序是一个有关自己自由与责任的问题。在社会的范围内,实现存在秩序被体验为人的负担。一旦提及社会秩序中的"张力",我们就想到这类体验。为了把它们与法律规则中的"规范性"问题联系得更为紧密,我们可以称它们为本体论意义上的**应当**。

3
作为规范的规则

因而,**应当**本身不是一个"假设"或"规范",而是体验到的张力,在存在秩序与人的行为之间的张力。在这一张力的范围内,有关社会秩序的规则远不只是关于行为规律的经验观察。由于秩序问题正是经验行为与真正秩序之间的张力,对具体案件中的当事方而言,无论法律规则是普遍的还是个别的,都具有秩序规划的特征。不管规则是否采用"你可以"或"你不可"的表达形式,只要它规划了人类行为应当遵循的类型,就具有这种意义。所以,所谓规则的"规范性"源于社会秩序中本体论上的真实张力。

在这种规范性中必须区分以下要素:

1. 当规则描绘了人"应当"遵循的某类行为或"不应当"遵循的犯罪情形中的某类行为,它意在表达一项关于各个具体社会的具体秩序的真理。它意图为"应当"做什么这个问题给出一个真正的答案。在规范性的这一方面,规则意指一个关于本体论意义上的**应当**的真实命题。

2. 在其法律秩序的背景中规则不仅仅是一条关于秩序之**应当**的信息。它在立法过程中已经被制定为法律,意图让社会成员知道并且遵守。规则的规范性包含一种对对象的要求,即把关于**应当**的真理融入他们的生活;这一要求是其规范性的第二个要素。社会成员被规则界定为接受者(例如,应纳税收入的所得者、房东、法人、保险公司、投保人、汽车司机、父母、所有可能成为小偷或谋杀者的人),他们被认为应当在行为中具体实现规则设想的社会秩序。

3. 关于秩序真相的信息和实现秩序的要求并未穷尽规范性现象。为了有效地诉求，并获得信奉者，真理必须传播；如果没有人倾听，诉求就无效。因此，规则包含被听到的要求，作为其规范性的第三要素。众所周知，对法律无知并不使人无罪；投保人主张没有阅读附加条款并不会赢得不合理诉求。我们暂且把法院的个别判决问题和私人的法律事务问题搁置一边，"法"要求被人知道。法律的要求是"公共的"。

4
法律规范的公共特征

规范性的要素构成一个不可分割的整体；不过，特别是由于第三个要素——公共的要求——在秩序实践与法律理论中产生了许多问题。和"关于秩序的真理"有关的命题必须由某个人提出，如果其诉求要被接受，提议者必须将它传达给接受者。规则的规范意义至少包括面对面交流的两个人，即使其中一人是正在反思的自我，为行动的自我陈述需要遵守的规则。

但是，在法律情形中，规则的个体提议者在哪里？法律规则，尤其是现代社会条件下的成文法规则，显然不是由一位威严的长者给接受者发布的告诫或命令。它是在一个复杂的过程中形成的规则，这个过程掩盖了个人对规则制定的贡献。而且，这个过程被象征主义掩盖了，后者完全消除所有个人权威，因为现代民主制的法律来自立法会议里的人民代表，并最终来自"人民"自己。没有人会沉湎于空想的假设：大多数接受者真正"听到"了法律，可能会遵守法律规范自己的行为。在奥斯汀（Austin）*的分析法理学中，他主张法律是主权者的命令，试图以此来应对现象处境。但是，面对此种现象，这种建构很难称得上"理论"；它仅仅是一种便利的隐喻，掩盖了太难而无法应对的问题。

这实际上是非常奇特的现象处境。我们可能会怀疑规则的有关**应当**的命题是否特别真实；我们甚至怀疑，某压力团体运用自己的影响使秩序对自己有益，并伤害我们其他人，因而规则实际上是有意不真实；鉴于法律的技术缺陷，我们可能感到疑惑，是否有人已经为形成一项关于社会秩序的真理做出过任何认真的努力；我们可能会发现，规则对我们鲜有吸引力，也并非完全令人信服；我们可能只是十分模糊地知道谁真正制定了规则——但是，我们依然视之为有效规则，只要表面上看来在制定规则的过程中遵循了某些程序。而且，我们认为它是向我们颁布的，并具有约束力，即使从未听说过它，从事具有法律内涵的新行为时还会对某些规则大吃一惊，因为它们调整我们以往没有经验的社会关系领域。这听起来完全是一个精心制作的虚幻游戏。实际上，这种处境中有游戏的成分。柏拉图在《法律篇》（*Laws*）中谈到"严肃游戏"（serious play）时很清楚这一点；当代哲学家和历史学家约翰·赫伊津哈（Jan Huizinga）在《游戏的人》（*Homo Ludens*）中也强调这个因素。不过，只有完成其他的初步工作之后才可以从理论上澄清这个问题。

首先是实践问题：无论游戏可能显得多么奇特，每一个社

---

* 书中的奥斯汀都是指约翰·奥斯汀（John Austin, 1790—1859），英国法学家。——编注

会都会认真地对待它。法律规则确实应该成为秩序规范；社会成员也确实应该遵循规则规划的行为类型做人，不管他们意见是什么。在本体论上立法过程实际上属于社会拥有有序存在的方式的一部分；规则就是规范，并且只有得到传播才是与接受者有关的规范，这一假设远不是理论虚构。这个假设属于先于分析的领域；为了达到实际传播目的，每个社会在其现象领域都有精心的安排。

法律人在这方面立即想到的现象就是法律的"颁布"。一部法律只有成为公开的才会有效。有些国家有特殊的法律公报用于公布成文法，其宪法可能规定：只有各期法律公报发布后经过规定的天数，法律才会生效。我们的《宪法》并未对颁布做特殊的规定，但认为，一旦总统签署通过，或者在提交总统批准10日之后，一项法案就成为成文法。不过，和每一个国家一样，我们拥有一些发布方式，公众可以藉此迅速获得成文法文本。此外，我们有《联邦公报》（*Federal Register*）公布行政命令，有大量其他方式公布法院的判决、行政机构的决定、司法部长的决定和意见等。

然而，即使措施如此之多，但在一生中从来不看这些出版物的普通公民那里并没有太大的说服力。他可能提出反对：尽管有这么多努力，却只有法律人熟悉法律——这种评论略带抱怨非法勾当的味道。虽然这种抱怨的味道可能诉诸于个人的经验，但反对完全没有道理。因为法律人的职能正是弥合（政府的和私人出版公司的）公布机构与普通社会成员的知识之间的差距。

懂得法律需要敬业，整个人的全部注意力投入其中。把时间和经历投入在自己专业工作中的公民不可能同时是法律专家——在原始的社会经济条件下几乎不可能,在当代社会的条件下根本不可能。当日常事务中出现复杂的法律问题时,外行必须用法律人的专业知识来补充他零碎的法律知识。法律人的知识是**他**关于法律的知识。因而,当某个人在缺乏法律建议的情况下从事复杂事务并惨遭失败时,我们不会可怜他是不当假设的受害者——假设法律的接受者懂得法律,反而会指责他轻率,如果不是愚蠢的话。

因此,作为社会中的一片领地,法律职业具有维护社会秩序的公共职能,因为法律人的专业知识构成法律秩序与公民的法律知识之间的中介。通过以下方面的制度措施——法律人的培养、标准的维持、职业道德规范、刑事案件中被告的合适辩护人,以及通过为无力聘请律师的人服务的私人法律援助机构,可以从现象上识别这一事态。

根据这些对法律颁布和法律人职能的观察,假定公民知法并因此知识而受法律约束,看起来并非那么不切实际。但是,正是用于传播法律知识的这套复杂社会机制更为清晰地表明,法律规则的规范性不仅仅是一个人对另一个人的命令。

第五章　作为规划的规则

我们必须把法律秩序的规则及其独特的规范性置于立法过程的背景中。接下来我们必须把立法过程置于更大的社会背景中,并规范颁布给其中的成员。于是,规范获得了规划的特征——这规划是针对具体的社会秩序;我们在这一秩序的核心发现了本体论意义上的**应当**,它是社会中的张力——这个社会需要巨大努力去创造和维持秩序,并通过维护秩序来维持社会存在本身。

如果我们此刻置身于这一张力的本体论中心就会发现,立法过程仅仅是规划和实现社会秩序的诸多努力中的一种。这并不奇怪,因为社会秩序不只是立法者的事情,也是每一位社会成员的事情。人们对个人生活的诸多安排和作为整体的社会秩序密切交织在一起,这些安排包括工作、供养自身和家庭、未来的可计算性——必须为其筹划、事业成功的前景、因秩序稳定或不稳定而可从事的事务的性质、社会地位提高的可能性和孩子的前程,等等。

人的生存是社会性的,并没有明确的界限把个体秩序和社会秩序分离开来。每个社会只要存在,都充满有关秩序的正义与非正义、优点与缺点的争论,这种争论产生于思考法律:法律应当或不应当是什么,什么样的旧法不再适应现状,应该制定其他什么样的法律,在目前的法律下会产生怎样的滥用,对此应当采取什么样的行动,等等。整个社会到处都是秩序规划,它们具有不同程度的清晰性与合理性、改革的善意与强烈的怨恨、有效的压力与无奈的愤怒。粗略提及这些现象将有助于更清楚地看到被称为"法"的那种规划的独特规范性。

1
两类规划

就我们的目的而言,我们对两类现象感兴趣:(1)意图在具体社会中、在经验上实现的规划;(2)意图确立真正秩序的标准、但很少或没有期望具体实现的规划。

第一类包含了大量现象,我们可以根据它们与技术意义上的立法过程的距离排序。最接近这一过程并融入其中的是为制定成文法所做的准备。在宪法之下,立法程序始于国会成员在各自的办公室里提出法案。因此,法律上相关的提案行为属于某些人的规划努力范围,他们对内容会成为法律的法案感兴趣。这种人可能是自主行事的代表,或者更常见的是,应选民或其他利害关系人与团体的要求,并得到独立律师或立法起草机构的帮助。某项法案提出后可能会发生一些奇怪的事情,某个委员会开始为之工作,采取各种方式修订,把它与涉及相同议题的其他法案合并,并最终向众议院提交可能从未有人提过的法案。

在所有国家中，政府的执行部门在法案的准备中拥有特殊职能。在具有议会制宪法的国家里，内阁成员可以提出法案，这些法案由官僚机构准备。在我们的宪法之下，虽然执行部门无权提出法案，但它实际上（de facto）可以通过有影响的国会议员提出。无论在哪种情形下，法案都不是在真空中准备的，而是表明了以直接或竞选承诺的迂回方式反映社会中不同群体意愿的立法规划，执政的政府在此意愿基础上被选出来；不可避免的是，制定规划时有影响的官僚的政策将会成为需要考虑的额外因素。

在立法过程的直接准备这一领域之外尚有一个更大的争议领域——正在制定的法律（de lege ferenda）。我们在此发现了不同组织和机构讨论可取的立法，包括报纸、期刊和备忘录中的讨论，以及压力团体向公众表达自己意愿的多种方式。在这类现象中有一种非常重要的亚现象，涵盖了社会秩序的大部分领域，这就是起草示范法典，由为此目的而设的多个专业组织和机构负责。在所有这些情况下，我们可以谈论规划的规划，或者第二等级的规划。

距离直接规划更远、范围更大的是有关社会改革的一般性政治辩论，社会改革根据这样的原则进行——越接近实现，就越需要大量新立法贯彻这些原则。例如，在迄今尚无下面这类制度的社会里，如果某个政党把为每个人提供免费医疗或者把国家大部分工业国有化当作自己的纲领（就像不久前英国所发生的），那就需要经年累月的努力，不仅使舆论转化为这类纲领，而且要准备具体实施法案的草案。

这类现象指引我们回到政治过程，即政党及其纲领的形成，为了得票率而阐述和修订政策,等等。在整个政治过程领域之外还有一小部分可取的秩序改革几乎不成功地表达意见,其范围涵盖从合理的但不受欢迎的意见,直至不合理的乌托邦意见和完全病态的意见。

因而,规则的规划特征展示了现象的广阔范围,一端是针对实践中被证明令人不满意之法律的"坦诚而清醒的修订建议",另一端是为了世界联盟和永久和平的乌托邦规划。

然而,无论第一类规划现象距离立法过程本身有多远,距离实现的可能有多远,它们至少在意图上都是要转化为社会秩序现实的规划。更为错综复杂的是示范宪法代表的第二类现象,我们在古典哲学家——柏拉图和亚里士多德——那里发现了这类宪法。诚然,这些典范也具有规划的特征,而且这一特征甚至受到强调,例如,在柏拉图的《法律篇》中,典范来自与委员会成员的对话,该委员会负责为即将建立的殖民地起草宪法规划。然而,如当代权威一再所做的那样,把这类典范解释为乌托邦或理想宪法(不管意思是什么)——这些理想宪法展示了代表性哲学家不切实际或不现实的想法——则纯属一派胡言。柏拉图和亚里士多德都是周围政治环境的敏锐观察者,比执政的政治家和人民更为现实,那些人没有看到凶兆,更没有采取适当的措施,直至马其顿的征服结束了他们无谓的争吵。哲学家们不仅清楚马其顿对城邦生存的威胁的性质,而且非常清楚——还不止一次明确地说过:城邦已不可挽救地腐败了,随时会覆灭。他们非常清楚,在那种情形下,城邦秩序改革规划之糟糕不仅在于它们"不现实"——甚至还很愚蠢。如果柏拉图和亚里士多德承担起建立典范的工作,而城邦却在他们眼前走向灾难——实际上柏拉图去世10年后城邦即被灾难击垮，当时亚里士多德在世——那么他们的工作就不是一项为了改善明显已死亡的秩序的规划。探寻他们的动机时，人们无需沉湎于凭空猜测，但可以接受他们的说法：他们致力于探索和社会中的秩序有关的真理——诚然，这种探索受到了周围社会中缺乏真正秩序的刺激，不过，作为政治科学的工作，它有其效力，即使激发它的社会已经奄奄一息，不可救药。

不管周围社会是否适合实现真正秩序，探索真正的社会秩序在古典哲学家那里成了人类心灵的自发事业——这项事业能够成功的唯一原因是，只有在真正的社会秩序中，人才能充分展开其潜能。人的本质（人的逻各斯）成为关于社会秩序的科学的核心论题；关于人的本质*的科学，即哲学人类学（philosophical anthropology），成为政治科学的核心；当人的本质在哲学家的生存中展开，以及在周围社会的人的无序生存中展开时，它就成为用于探究的经验材料。真正的社会秩序是哲学家井然有序的灵魂中活生生的现实，通过哲学家拒绝屈从于他所处环境的失序，它在意识中鲜明地呈现出来。

2

经验上的立法过程和哲学上的立法过程

此刻我们关心的并非"柏拉图-亚里士多德之工作"的诸多结果，而是其意图。哲学家们提出秩序的规划，而且并不期望这

---

* Human nature 或 nature of man 一般译为"人性"，但沃格林认为法的本质（nature of the law）与其息息相关，故译为"人的本质"。——译注

些规划可以通过他们社会的立法过程被颁布为有效的规则。写完对话或论著，他们的工作已经完成，对真正秩序的设想也已结束。如果这些条件在历史上出现会更好——在此条件下，真正秩序在经验的社会中确立，尽管柏拉图和亚里士多德都未曾期望看到这些条件实现。这样一来，哲学家凭借自身条件成为真正秩序的立法者，与经验的社会立法者及这个社会的不可靠真理之秩序一竞高下。当两种层次上的立法在现象层面出现在人类历史中，特别是出现在4世纪的希腊，经验的社会及其在经验上的立法过程中形成的经验之秩序与在哲学家体验到的本体论意义上的**应当**中产生的真正社会秩序之间的紧张成了焦点。在立法过程碰巧创造的任何一种秩序下，单纯的社会存在本身没有穷尽法的问题。我们可以根据哲学家提出的真正法律标准来衡量经验的法律。

经验上的立法过程与哲学上的立法过程彼此联系在一起。哲学分析渗入本体论意义上的**应当**之本质；在获得深刻见解的基础上，哲学家试图描绘出一些行为类型，这些类型最适合把关于秩序的真理——就如它存在于哲学家的灵魂中那样——转化成社会实践。因而，这种工作的重要性就在于探究真正秩序的本质。典范规划远非文学手段，它们具有次级阐述的特征，决不能被当作具有自主效力的规则。浏览一下柏拉图的《法律篇》就会发现，与序言（即与对法律形成原因的冗长阐述）相比，"法律"在分量上扮演着微不足道的角色。现代诠释者常常抱怨柏拉图《理想国》中的法律规划支离破碎，没有考虑到整个法律领域；而柏拉图本人已经答复过这种抱怨：任何人如果理解了秩序的本质，并在自己的生命中实现了秩序，都能阐明法律规划。通过

《伦理学》十卷和《政治学》前六卷，亚里士多德分析了秩序的本质，在《政治学》第七卷和支离破碎的第八卷中，他转而阐明他的典范。

不过，尽管这些典范从属于对本质的分析，但绝非多余。哲学家的分析由他自身中实体秩序抵制经验社会中的失序而激发。哲学家的工作是判断经验的秩序，这受到下述主张的激励：经验秩序应当更进一步符合能充分表达秩序真相的类型。哲学家并不在立法领域之外，即使他知道经验社会不会听从他的建议。相反，由于本体论意义上的**应当**是秩序之实在，经验的立法过程因离实在太远，以致无法拥有规范性的全部意义。因而，虽然哲学家没有在他的国家中发动革命（这是柏拉图明确拒绝的一种逃避），却也不会参与立法过程，并拒绝公职，以免成为政府不公正行为的同谋。当经验的法律的制定者玩忽职守时，立法责任落到哲学家肩上。因此，哲学家的典范作为规范性的标准与经验秩序紧密联系在一起。

此外，哲学家的规划与经验秩序并非截然对立，而是由多多少少密切接近**应当**之实在的过渡规划联系在一起。因而，柏拉图不仅制定了城邦的规划——其中哲学家是统治者，而且在《法律篇》中设想了次好的城邦。在这个城邦里，虽然统治者本人不是哲学家，但他们在哲学成就中受教育，将哲学作为信条，因此，根据哲学上最少的教义，他们会尽其所能制定最好的法律。倘若次好的和第三好的规划对于经验的环境中人的脆弱而言极难承担，柏拉图甚至设想了第三好和第四好规划的可能性。

不过，我们在此关心的不是柏拉图范围广泛的工作之细节，而是其原则：一个社会的经验秩序在下述意义上可以有不同程度的现实,即它表达了本体论意义上**应当**的张力——此**应当**乃哲学研究对象。法的规范性就是参与真正秩序。这是实体规范性,而非形式规范性。并非成为法律秩序内容的任何东西都是法律而无需进一步质疑。如果立法过程的实体规范性降得太低,社会中就会产生不满,这些不满可能呈现革命的部分——除非状况已经恶化到无法挽救的地步,社会的实质解体使之成为征服的受害者。这已成为我们时代非常实际的问题——当前,意识形态专政兴起并残酷压制人生命中的真正秩序,尖锐地引出了一个问题:真正秩序和缺乏规范性实体的经验秩序的巨大力量之冲突将如何结束。

第六章　法律规则的非个人效力

我们的分析现在可以回到先前引发我们研究规划现象的问题，它就是法律规则特有的规范性。我们说过，规则由一个人传达给另外一个人；它们意在表达关于秩序的真理；它们要求接受者使自己的行为符合规则的规范性真理；为了发挥作用它们必须被传播。在所有这些方面，法律规则都被证明是独特的。颁布法律规则的人难以确定；法律规则的真实性常常是成问题的；法律规则的要求可能不太成功；传播亦需改进。我们现在可以分析刚刚考察过的法律现象。

1
作为自组织实体的社会

规则意在传达关于秩序的真理。它们最终指涉本体论意义上的**应当**，即在存在秩序与必须借助人类行为在社会中确定的那部分秩序之间体验到的张力。在规范性的本体论核心我们发现了向行动之人(man)颁布规则的两个位格(persons)*：(1)上帝，(2)运用理性与良知反思的人(man)。人在社会中的生存超出这个本体论核心；在这个社会生存领域内，其他位格可以向他传达规范——父母、朋友、老师、长辈、牧师、哲学家和政府官员。分析具体社会中所有这些来自他人的规则时必须格外谨慎，因为向传统信仰最细微的让步都会导致极度错误的理论建构。与所有前分析的语言明显冲突，我们必须坚持主张：在本体论核心的两个位格之外，没有什么可以颁布具有规范性权威的规则。存在一个神法与自然法(ius divinum et naturale)，但绝对不存在自发的社会法与历史法(ius sociale et historiale)。在社会中，人与人之间传达的规则必须依赖本体论核心获得其规范性权威。

只有确立并坚信这一点，规则提出的问题才会最终进入视野，那些规则凭借其社会权威要求遵守。我们已经拒绝奥斯汀的建构——法律是主权者的命令，认为那是一种肤浅的隐喻，甚至没有触及问题；因同一原因我们可以补充一句：我们必须拒绝后来在19世纪提出的命令理论，尤其是德国学者的理论。这个问题需要以分析的方式从这个前分析的观察展开：社会规则——我们称社会规则为属，而法律规则是种——的制定与颁布是社会自身内的一个过程。

这个简单观察的涵义很难把握，因为日常语言妨碍了分析，这种语言更关注社会领域内的张力，而非这一领域的统一性，后者因张力分裂。我们习惯于以一系列的二分来谈论，比如统治者

---

* 这里及相关部分的 person 较难翻译，其拉丁词根意指"面具"，后逐渐形成"人格"("位格")、"有人格者"诸义。本句包括上帝与人这两方面，故勉强译作"位格"（笼统译为"两位"亦可），其他处指人时一般译为"个人"（指有人格的独立个体）或"人"（无歧义时），有可能指"上帝"或不确定时亦译为"位格"；其形容词 personal 一般译为"个人的"，个别处译为"人格的"。——译注

与臣民、政府与人民、父母与子女、将军与士兵,等等,也容易忘记包罗万象的社会实体,各种命令与服从关系**在其中**出现。人的生存在本体论上是社会的,尽管在人与社会领域的非个人力量之间有大量冲突——人作为社会领域的一部分而存在。由于出生在某个家庭中并在其中受养育,社会中的生存在本体论上是人的生存方式,而非因为选择。除非根本不出生或者自杀,在一个具体社会中的生存的替代选择不是孤立的生存,而是在另一个具体社会中的生存。只有在社会秩序的框架内,才有可能组织好个人生活,与秩序真相协调。所以,只有社会允许其成员在真实中使自己的生活井然有序时,这个社会才有理性(raison d'être)。

在有关政府与社会的价值理论中,我们已经看到这个问题的不同方面。亚里士多德坚称,只有使沉思生活(bios theoretikos)成为可能时,一个社会才真正有序。我们美国的官方信条认为,政府是一个以保障其治下人民生命、自由和追求幸福为宗旨的组织,尽管我们的信条与亚里士多德对幸福本质的论述相比稍欠清晰。卢梭强烈坚持统治者与被统治者在法律制定中的同一性,因而社会规则由服从规则的人制定。在统治者与被统治者的这种同一化中,他可以以先前霍布斯的理论为基础:作为社会成员,人消除了自己的个性,并借助来自他创立的主权者的秩序,重新获得生活的秩序。

人们可以扩大有关现象和理论建构的观察,但任何扩大都不会增进以下分析的结论:社会是一个自组织实体;其规则既不是由成员之外的某个社会向成员颁布的,也不是由社会外的某个人向社会颁布的;社会之存在就在于它形成一个自身有序化的过程,这个过程就是它的存在方式。有人可能会说,社会为自身颁布社会规则，包括法律规则。确切地说，这种说法毫无意义，因为规则正是一个位格向另一个位格颁布的。不过，正是这种毫无意义的说法将使人们深入认识分析法律秩序时的困难，即法律规则的非位格特征。

法律规则既没有个人颁布者，也没有个人接受者。把社会、国家或君主确立为假定的个人颁布者，并且把只是模模糊糊知悉法律的普通人树立为假定的接受者，听取向他颁布的规则，并不能克服困难。为此，我们必须驳斥沉湎于这些理论建构的命令理论。出于同一原因，我们也必须拒绝以如下方法得出法律规则"定义"的尝试：首先形成"规则"这个属，然后具体区分自律规则与他律规则；或者让政府组织的力量实施的制裁成为法律规则与风俗习惯的规则和道德规范的特定差异——风俗习惯的规则由社会压力实施，道德规则则由良心或对上帝的敬畏实施。教科书逻辑的这种区分是在前分析的层次上进行。当本体论问题需要分析时，现象的分类毫无用处。

2
社会的代表

法律规则是非个人的，因为它们并非由某个人颁布。既然只有众位格（persons）才可以颁布规则，看起来法律规则根本不存在，通常归于这一名称之下的东西并不具有规则的特征，而是其他完全不同的东西。不过，这个结论与我们关于法律规则的日常经验和说法不一致。一方面，分析结论必须站得住脚，另一方面，如我们一再所强调的，分析不能使前分析的经验变得毫无意义,所以,为了法的本质的额外涵义,我们必须回到现象。下面的问题造成了最紧迫的困难:社会不是一个位格,它究竟如何能颁布规则?

在现象层面这个问题的答案很明显:因为社会作为一个非位格(a non-person)不能颁布规则,所以,来自真正的位格并采取规则形式的言论在某些条件下被视为有关社会成员行为的有效规则。显然,并非来自众人的任何这种言论都随便被赋予效力的特征。当某个人以比他的理智更为强烈的确信训斥我们应该做什么时,我们会无视他的建议;如果他没完没了,而且他的高谈阔论占用了我们太多时间,我们会要他少管闲事。想要成为立法者的人在每个社会里都是普通人,我们可以把他们和真正的立法者区分开来,并且把社会代表的身份赋予后者。大众作为一个有序社会存在着,因为它被表达为统治者与被统治者。一个社会通过社会表达开始存在,社会表达创立和认可代表,只要它认可代表,就会一直存在。通过一位代表来组织行为,包括内在行为和外在行为,是社会的存在方式。立法过程从制定宪法到单个行政决定和司法判决,是社会为了其有序存在通过代表来进行的自我组织。

社会通过创立和认可一个代表而产生,代表在社会产生之后变迁,这些形成了政治科学中的一个重大研究领域。它不属于当前分析的范围。我们仅仅关注代表,将它当作立法过程中的本质要素。法律规则实际上是由人类(human beings)制定的,但并非凭借他们作为众人的权威,而是凭借他们作为社会代表的地位之权威。由于立法者作为代表行事,而非作为个人,所以有可能建立集体的立法机构,例如立法议会,其行为明显具有非个人的代表性。个人与代表的区分也适合于来自单个人的规则，比如来自开庭的某位法官的规则。我们认可某位出庭法官的判决有效，并非因为他的判决英明公正，而是因为他是社会的代表，其地位最终源于宪法。我们遵从他的判决，并非因为赞同其真实性——当判决不利于我们时，我们很有可能对其真实性持不同意见——而是因为我们作为有组织社会的成员以公民身份发挥着代表的作用，我们尊重这个社会的秩序。

3
错误的积累

这种代表之剧并非以"为艺术而艺术"（*l'art pour l'art*）的方式上演，而是作为人在社会中有序存在的必要性。其目的是实现秩序：秩序不是某人的乐趣，而是人类生活的实质安排与在本体论意义上的**应当**中体验到的存在秩序协调。

代表，不论在立法过程的等级体系中地位高低，也不论是集体的还是个体的，都是属人的——在"属人的"（human）这个词的每一层意思上，所以他可能滥用代表身份，并颁布严重背离秩序真相的规则。这些滥用现象是每个社会秩序的实践中一直存在的因素：从政治科学的早期，它们就引起理论家的注意，并激发了许多理论建构的尝试。柏拉图和亚里士多德根据当时的代表追求共同利益还是某些私人利益，区分了好的政府形式和坏的政府形式。如果代表追求共同利益，一个人的政府、少数人的政府或多数人的政府都是好的；如果代表追求其私人利益，政府就是坏的。三种好的形式分别被称为君主政体、贵族政体和共和政体,三种坏的形式被称为僭主政体、寡头政体和民主政体。再说一下,我们此刻关心的不是共同利益这个概念的内容,而是这个概念形成的现象,以确定立法过程与秩序的本体论实体之间的联系。

而且,在秩序实体与立法过程的可能滥用之间的紧张不仅仅是哲学家沉思的对象,也是多多少少经过精心设计的实验之动机,这些实验采取制度性防护措施反对潜在的滥用。三权分立、《权利法案》、司法独立、普选权、选举任期相对较短的代表,这些都是在我们的宪法之下把滥用可能性降到最低的措施。但是,即使最好的措施也不是万无一失,不可能在所有情况下都奏效,因为对代表的制度审查必须由人来完成,他们并未摆脱人的弱点。尤其是,普选权和频繁选举的措施在许多情况下证明令人失望,因为假设普通大众神秘地怀有对实质秩序的意愿实为错误。诚然,普通人是坏政府的主要受害者,民众在抱怨中发出的声音通常也是正确的。但是,从这些真实的观察我们并不能得出,多数人热情选举和赞成的政府特别好——正如当今的极权政府的例子所表明的。

我们的结论是:真正秩序与经验秩序之间的张力永远不能消除,尽管可以多管齐下,使其矛盾降至最低程度而不引起民众叛乱。由于革命伴随着不可避免且不可估量的生活紊乱,以及根本不确定的前景——下任代表是否一定比前任好,即使一名不那么好的代表都可能优于暴乱。不受干扰的社会秩序凭其自身作为一种善进入法律规则的规范性之列。在每一个社会中,立法过程为其效力依赖于以下见解:在本体论意义上的秩序真相方面,应该容许相当大的错误余地。尽管错误的比例有限,但是,生存在一个不尽有序的社会里——在个别情形中还有大量的、甚至严重的非正义,也比无序和暴力要好。在借助社会代表的立法过程中包含的错误积累是实证法的非个人性的又一个组成要素。法律规则既不是理性与良心的个人规则,也不是十诫或登山宝训里的神法规则。

4
强制力的使用

最后,我们必须考虑法律秩序效力中的这个因素,许多理论家倾向于跳过进一步分析,就将其当作法律秩序的具体特征,这就是借助强制力的制裁。

因诸多原因,使用强制力实施法律秩序是必要的。第一个原因是刚刚讨论过的错误积累。因为真正秩序与经验秩序并不一致,所以强制执行是必要的,以消除公民一方的不服从——他们认为规则的内容与本体论意义上的**应当**不一致。我们无需援引极端例子来说明。我们只需想象一下,如果纳税人可以拒绝缴税,除非政府开支经得起依据真正秩序的理性审查,否则将会发生什么。光是《河流和港口法案》(Rivers and Harbors Bill)就可以提出拒绝缴税的充分理由。关于"法的正义性"之争论必须限定在以投票进行的政治批评与政治行动的形式内。如果想要维持社会的存在,就绝不能允许争论蜕化为个体的决定和抵制。

强制力是必要的,第二个原因是,秩序问题上的真理问题很少允许有一个确定无疑的答案。一个社会的结构,尤其现代工业社会的结构,极其复杂;在具体问题上众多可能的政策中哪一项最符合共同利益,因而应当由法律来执行,这是一个既有赞成也有反对的问题,哪一方都没有明显的分量。决定一旦最终做出,将会包含任意的成分。而且,如果社会想要幸存下去,争论就不能永远继续下去;一旦决定由代表做出,就不能允许以措施的价值仍然存在疑问为由而不服从。

强制制裁之必要的第三个原因,也是最后一个原因,是亚里士多德赋予头等重要性的那个原因。他认为,如果人们不受强制或强制的威胁,遵循真正秩序行事,那么,制定和强制实施法律的整个社会组织就是多余的。如果人们总是受羞耻心(aidos),即虔诚或羞耻的驱使不做错误、可耻或玷污人名声之事;或者,在可能的疏忽情况下,如果同伴的警告足以使潜在的作恶者意识到自己的所作所为,使他感到羞愧而采取正确行动,那么我们就无需法律及其强制实施作为社会维持其秩序的组织。

但是这并非人的本质。诚然,成为一个有人格的人(person)*乃人(man)之本质,即他要用理性和良心来规范行为。然而,还未成为一个有人格的人也是人的本质。首先,人不是作为一个发育完全的有人格的人进入世界,而是作为小孩出生。他的人格(personality)是灵魂中的一个结构,成长缓慢,而且在 30 岁之前很难成熟。有些人甚至需要更长的时间。大部分人从未达到完全的人格状态,在有些情况下他们很早就停止成长。发育完全的人,亚里士多德以 spoudaios(成年人)予以称呼;但当他论及在希腊城邦实现真正秩序的可能性时,他又说很可能在任何

---

* 此处的 person 指"人格"(位格),但直译则过于生硬;而且,它在此处还明确包含个体之人的个性和品质,即通常所谓的 personality,而不限于哲学意义上的"地位和身份";结合二者,译为"有人格的人"。本段中 personality 亦根据涵义和惯例译为"人格";personality 之词根和意思形成与 person 有关。参见本章第一节译注。
——译注

一个希腊城邦都找不到100个这样的成年男人，组成一个称职的统治集团的核心。在每个社会中，除了人格没有充分形成的儿童，还有"天生的奴隶"，由于种种原因他们从未成熟，需要社会压力和积极有效的警示，并最终需要强制力迫使他们走在正道上。凭借自身的特殊技能，他们依然是社会中有用的成员，但他们不能使存在于人之中的秩序实体进入社会秩序从而保持它，因为他们身上存在的那种实体太少。当代社会理论家像亚里士多德那样观察到同样的人的类型，并称之为内向型人格和外向型人格（inward-directed and outward-directed personalities）——这些用语在本体论意义上可能误导人们，因为关键正是，由于他们人格上的缺陷，外向型人格才会这样来定向。

显然，我们可以根据成熟与不成熟的程度区分人的各种类型，从圣徒和哲学家到惯犯。这些类型实际上已成为广泛研究的对象。尽管如此，对当前分析而言，重要的并不是对类型的经验研究，而是如下事实：类型繁多的根源在人的本质。与秩序经验以及对协调的渴望一样，灵魂中扰乱人与存在秩序之协调的力量本质上是属人的。每个人都必须承受他过于属人的激情的负担——自负与惰性、攻击性与缺乏勇气、义愤与缺乏智慧、愚昧与缺乏想象力、自满与冷漠、无知与愚蠢。简言之，人的本质并非完全是个人的。相反，它包含一个由冲动、激情与性欲组成的强有力的部分，它们不仅仅是非个人的，而且阻碍灵魂中个人中心的形成与行动。因而，为了把真正秩序强加于人的人格，并没有必要在社会中使用强制力——要是人是完全的、有人格的人，这个问题就会自行解决。把带有人格标志的秩序强加于人的非个人本质，才有必要使用强制力。尤其是，当人的非个人性倾向于扰乱社会中人的生存秩序时，就有必要使用强制力消除它。

然而，在这最后一点上，建议人们要谨慎。我们必须从其完整的本体论意义上理解社会中人的生存秩序和强制力的使用。或许，使用强制力主要并不是"保护社会"以反对违法者的手段。比如，惩罚的确具有保护社会成员以免其生活因其他成员的干扰行为而失范的功能，但它也致力于恢复违法者灵魂中的个人秩序，并且有可能的话，把他重建为一个有人格的人。功利主义的刑法"哲学"会掩盖以下问题：在社会的秩序与失序中，本体论意义上的**应当**至关重要，而且它在每一个体之人的人格中有其位置。

在强加法律秩序时使用强制力，彻底澄清了法律规则的非个人本质，我们可以概括如下：法律秩序的非个人性在人的本质的非个人性中有其本体论根源。

第七章 结论

我们从日常的法律经验开始分析，并从其现象表面深入其本体论核心。现在，我们可以总结一下分析结果。

1
效力的构成要素

法律秩序没有自己的本体论地位。只要它是与背景无关的研究对象，其规则之效力不过是诸多命题无时间性的意义。用于这些意义的建构导致芝诺悖论的困境。不过，随着引入背景现象，规则的效力获得了大量的现实。现在，我们可以列出这种效力的构成要素作为分析的第一个结论：

1. 首先，法律规则是有关社会中人的生存秩序的命题。不过，我们必须通过下述观察来描述法律规则意义的这种结构，即法律的实际内容常常没有使用规范的惯用语。法律文本通常提供有关事实、事件和人的行为状况的描述与定义。尽管可以运用规范的惯用语毫无困难地展示这些描述与定义的原意，但重要的是要注意到，立法者依赖背景现象，即依赖社会成员的解释，来阐明其工作的全部意义。意义结构突破规则，指向社会现实领域，法律秩序在其中获得独特效力。

2. 法律规则并非真空中的意义。它是有序存在的社会的一部分。通过把社会成员的行为变成自身的内容，法律规则被整合到社会现实之中。然而，它并不意图根据经验观察提出关于人类行为的真实命题而指涉人的行为。法律规则并非科学中的命题。其意图不在于认知。即使在下述情况下也是如此：在运行良好的社会中（考虑到失败），如果人们了解法律是什么，就可以预期某些情境中人的行为，因为其行为一般都被导向法律规则。正是这种可预期性引发了关于法律本质的错误建构。

3. 尽管规则的意图不在于认知，但是规则却意指某项真理。在当前哲学衰落的状况下这或许是最难理解的一点。规范性并非附加于命令的语法形式或"你应当"与"你不应当"之类的规范惯用语的性质。我们并不是仅仅因为有人告诉我们"做这件事"或"做那件事"而被迫做某些事情，即使因为他用左轮手枪指着我们，服从是更谨慎之举。为了阐明它的全部意义，我们总是把规范性语言转换成更完整的表达："你真的应该做这件事或那件事。"由此形成的命题的真实性有待审查，正如带有认知意图的关于感性经验世界中事件的命题之真实性一样。

审查必须根据**理性**与**启示**进行，本质上比审查关于感觉材料的真理困难得多。然而，**应当**是我们概述过的经验中的现实。人们总是可以在以下的一般形式内论证：如果这是人的本质，而且如果充分实现这一本质是人的生存目的——在人的能力限度内这有可能，那么这一行为模式就比其他行为模式更可取。正如我们所说，规则考虑的行为规范性特征与规则的形式无关，而是与设想的行为有关；所谓的规范性特征是否真的和行为类型有关，也是一个必须严格审查的问题。其他任何形式的建构都会摒弃**应当**的本体论张力，使秩序问题受强制力摆布。因而，法律规则的效力包含了本体论意义上的规范性成分。

4. 尽管如此，法律规则的效力包含的显然远不止本体论上的**应当**的规范性。实在法（ius positivum）并非神法和自然法（ius divinum et naturale）。法律规则的效力中还有更深一层的构成要素：人在社会中的非个人生存。由于代表的职能、错误的积累与借助强制力的制裁，这种非个人因素遍及立法过程中，从创设代表开始，直至具体案件中的个别判决的强制执行。我们所谓的这种权力的权威不是规范性的额外来源，因为没有独立于社会秩序的人的生存。人的生存秩序不可分割地是人在社会中的生存秩序。**应当**，当它在经验秩序与真正秩序之间张力的经验中揭示自身之际，包含着个人与社会两个层面对激情的约束。人的本质如其所是，**应*** 有一个有权制定和实施法律的社会组织，因为，在存在的构成中，社会必然是人的生存方式。和理性与启示这两种规范性来源相比，尽管代表的权力和立法职能不是规范性的独立来源，却是法律规则效力的独立来源。

---

* 原文为斜体、小写的 ought，作情态动词，为了与文中大写作名词的 Ought 区别，译为"应"。——译注

2
法律秩序和历史上的具体社会

在列举效力的构成要素时,我们不得不附带涉及许多要点;现在我们必须清楚地表达出来,作为分析的进一步结果:

1. 尽管法律秩序及其效力根源于人的本质以及他在社会中的生存,但法律秩序的内容无法从人的本质演绎而来。人在社会中的生存与代表通过立法过程组织社会的努力之间,横亘着社会在历史具体性中的存在。就社会"形式"的运转而言,诸社会不仅不是机械装置或有机体,甚至在其组织"形式"方面也不是彼此的复制品。社会有大有小;有游牧社会、农业社会、商业社会和工业社会;还有部落共同体、城市国家、民族国家和帝国;有以宇宙论神话形式存在的社会,也有区分了启示秩序与理性秩序的社会。

此刻列举这些现象类型的意图不过是表明一个重大问题:社会本身不仅仅是某个种的样本,而且本质上包含真正秩序的历史展开。古典哲学家已经看到了这个问题。柏拉图和亚里士多德都知道,领土的位置和面积、公民人数、经济类型和技术状况、民众的文明状况和教育状况,都与实现真正秩序息息相关,真正秩序将最适宜表明本体论意义上的**应当**。在一个非常小的共同体中,经济条件受限,与外界几无关系,也没有个人教育和发展的良好途径,在这些条件下,即使可能最好的秩序也只能为展开人的本质的潜能提供很少的机会。因而,确定人的本质的个人因素与非个人因素是法律秩序效力的组成要素,远未穷尽法律秩序的问题。进一步的问题是特定历史条件下的最佳秩序以及达到可能最好的结果的法律技术。从社会的历史具体性方面再次产生了我们在效力方面遇到的问题：社会秩序始终是具体的，相应地，法律秩序始终是有效的。

2. 在这个语境中有个推论，我们只能简明扼要地指出。由于法律在社会的具体秩序化中有其功能，所以并不存在严格意义上的法律史。历史从社会方面进入法律。由于人在社会中的秩序拥有历史，并且法律关心的是在具体条件下管制人的行为，所以，通过参与人在社会中的生存历史，法律制度间接地拥有了历史。

3. 在研究法的本质时，社会秩序的历史中最重要的事件是权威的规范性来源，即理性和启示，从笼统的神话经验和神话符号中区分开来。在这一方面，我们必须区别法的三种主要类型：a) 由宇宙论神话进行秩序化的社会背景中的法；b) 经历了**启示**（以色列）或**哲学**（晚期希腊、古罗马）的社会的背景中的法；以及c) 罗马帝国和西方文明中的法——在其中，理性和启示都呈现为秩序的权威来源。今天，这个问题在法理学中被严重忽略——有人甚至认为它被完全无视——因为我们的文化氛围已经变得既反宗教，又反哲学。

然而，一旦规范性权威已经从神话中区分开来，**权力**、**理性**和**启示**这三种权威之间的关系显然就对在社会中实现真正秩序具有头等重要性。有人可能会试探着主张，三种权威的平衡是西方文明中真正秩序的条件。这个问题在 19 世纪和 20 世纪的理论和实践中再次变得尖锐，原因就在于诺斯替主义运动（Gnostic creed movements）的兴起，这一运动试图把规范性权威融入权力的权威，从而使社会有秩序，就如在共产主义帝国或国家社会主义帝国中的组织所做的那样。这种权威融合必须作为第四种类型添加到刚才列举的三种类型之后,因为分化了的成分的有意融合并不同于原初的笼统。在立法过程发挥作用的背景中,历史上重要的秩序类型之区分必须被视为探究法的本质时更深层次的成果,并且是最终的成果。

第二篇
法理学课程大纲

法理学课程大纲

法律 112

路易斯安那州立大学法学院

1954 – 1957

法理学

一、界定研究领域

1. 用于界定（delimitation）的概念的历史特点
2. 高级文明的三种平衡力：国家、教会与哲学
3. 理性渗入法律秩序
4. 科学在各级立法中的作用
5. 根据立法过程中理论家的立场对法律理论的分类

二、法理学的起源

1. 查士丁尼将法理学颁布为法律
2. 正义与法理学的定义
3. 自然法、市民法与万民法[*ius gentium*]的定义

4. 作为立法者、政治家、哲学家与神职人员的法理学家

　　5. 查士丁尼法理学的构成要素

三、原初的社会秩序经验

　　1. 通过参与宇宙秩序形成的社会秩序（中国、巴比伦、埃及）

　　2. 通过参与上帝显明的旨意形成的社会秩序（以色列）

　　3. 通过灵魂参与神圣的逻各斯形成的社会秩序（希腊哲学家）

　　4. 通过与基督的灵有份而形成的社会秩序（奥体）

四、西方法律文化的传承

　　1. 古代近东（巴比伦法典、赫梯法典与以色列法典）

　　2. 罗马（共和制、元首制、君主制、查士丁尼）

　　3. 西方（罗马习俗法、日耳曼部落法、教会法、罗马法的复兴、英语世界的发展）

五、社会危机与思索法律意义

　　1. 以色列的危机与先知

　　2. 迈锡尼大灾难（Mycenaean catastrophe）与希腊早期的法律思想家（从赫西俄德［Hesiod］到赫拉克利特）

　　3. ［城邦在］5世纪的瓦解与智者学派的法哲学

　　4. 苏格拉底-柏拉图在哲学上的反抗

　　5. 亚里士多德

　　6. 希腊帝国和罗马帝国与斯多葛学派的法哲学（从芝诺到

马尔库斯·奥勒留[Marcus Aurelius])

    7. 罗马的危机与帝国的回应——查士丁尼

    8. 罗马的危机与基督教的回应——圣奥古斯丁

    9. 中世纪全盛时期的危机与圣托马斯

六、世俗的民族国家

    1. 中世纪的君主制(the Monarchia)观念——但丁(Dante)

    2. 封闭的民族国家的法律主权与政治主权——博丹

    3. 民族国家的灵性主权——霍布斯

    4. 民族国家的经济主权——费希特(Fichte)

    5. 15世纪和16世纪新的国际法哲学与自然法哲学(从维多利亚到洛克)   72

七、实证法理论

    1. 奥斯汀的法理学及其后继

    2. 凯尔森的纯粹法学

    3. 国家中法律的调解作用(mediation)

    4. 宪法之下机构和规范的等级体系

    5. 集权与分权

    6. 规范的逻辑

    7. 国际法的各种理论化

八、灵性秩序与世俗秩序的内在论再结合

    1. 18世纪历史主义(historism)的开端

    2. 黑格尔的基督教灵知(Christian gnosis)

3. 历史法学派

　　4. 马克思的反基督教灵知（anti-Christian gnosis）

　　5. 内在论的教会-国家法（法西斯主义、国家社会主义与苏俄共产主义）

九、当代法哲学思潮

　　1. 美国的现实主义（Realism）

　　2. 法国的制度主义（Institutionalism）

　　3. 新托马斯主义（Neo-Thomism）

十、一个时代的结束与回归原初的秩序经验

第三篇
法理学课程补充说明

法理学课程补充说明

路易斯安那州立大学法学院

1954–1957

一、关于理性的行动科学[*]

1. 理性行动意味着手段与目的恰好协调。

2. 当手段充分服务于直接目的时,手段是相对理性的。

3. 手段的充分合理性取决于目的的合理性。[**]

4. 目的的合理性必须通过将其理解为一个更高目的的手段来检验。

5. 如果把目的转换成更高目的的手段来检验合理性这一链条无限地延续下去,那么,合理性就没有最终的标准。

6. 因此:行动的**合理性**需要一个有待实现的至善的存在。

7. 上述命题并非断言这样一个至善存在,而是指,除非至

---

[*] 本篇的大标题编号系译者所加,只是为了形式上清晰,沃格林原书中并无此编号。
　　——译注
[**] 本书把 rationality 译为"合理性",其形容词 rational 则依习惯译为"理性的"。
　　——译注

善存在,否则行动的合理性不可能成为科学的研究对象。

8. 在法理学上的应用:只有关于至善的科学有可能形成,法理学科学才有可能。只有包含关于至善的理论,那些自称"法理学"的尝试才是科学。

二、关于善的等级体系

1. 亚里士多德区分三类善:

(1) 外在的善——财产

(2) 身体的善——健康、力量与美

(3) 灵魂的善——美德

2. 美德又分为伦理美德和理智美德(ethical and dianoetic virtues)。

3. 至善即幸福——*eudaimonia*。

4. 人们对幸福的见解千差万别。根据亚里士多德的看法,最主要的三种倾向是:

A. 享乐生活

B. 政治生活

C. 沉思生活——*bios theoretikos*

5. 亚里士多德认为真正的幸福与沉思生活是一致的。

6. 这一结论基于他的人的本质理论。他认为,人与其他存在的区别在于人能够培养灵魂的美德,尤其是理智美德。在理智美德中,人的本质充分展开。通过沉思生活完全展开其本质的人是成年人(*spoudaios*)。

7. 因此,关于真正幸福的这个结论奠基于哲学人类学科学。然而,尽管科学为我们提供了评判真正幸福(在人的本质充分展开意义上)的客观标准,但这一见解并不能消除以下事实:很多人主观上非常幸福,但没有充分展开其本质;如果他们被迫努力地完全展开其潜能,就会备感痛苦。主观幸福和客观幸福可能一致,但并不相同。另一方面,关于幸福的大量主观意见根本就不是驳斥幸福的客观定义之论据。

四、关于交流与传播

1. 范例:"苏格拉底是一位雅典人。"这种命题在交流时有三层含义:

A. 内容被意指为真实的[**]

B. 说话者相信其真理性

C. 说话者想要听者接受其真理性并纳入他自己的知识

2. 交流成功时具有社会后果,只要听者接受并将自己纳入说话者理解的真理轨道。交流是获得社会力量的手段,其方式是把听者转变成说话者提出的真理之追随者。

3. 因此,言论自由方面就会出现一些难题。如果言论自由受到政府管制的限制,那么

A. 真理的传播受到阻碍

B. 人们会在两方面受挫:

(1) 鉴于传播真理是一种责任,道德人格不能充分发展。

(2) 鉴于成功的交流是个体的扩张,他作为共同体生活中的一种权力的方式,即他的自然权力领域,受到限制。

---

[*] 这部分的 communication 同时意指"交流"和"传播",故在标题中译作"交流、传播",而在段落中根据语境和意思侧重选词。——译注

[**] 这部分的 truth 及其形容词 true 同时包含"真实"与"真理"的意思,译文酌情选词。——译注

4. 如果言论自由根本没有受到限制，谬误和真理就拥有同样的传播机会。如果有关灵魂和社会中秩序本质方面的谬误成功传播，结果可能就是社会秩序的瓦解和个体的堕落。

5. 言论自由问题没有永远有效的合理解决方法。在何种程度上可以通过言论和出版自由交流，或者在某些方面必须被限制，这个问题要根据具体情况来解决。

6. 在西方历史进程中尝试过两种主要的解决方案：

A．中世纪利用审讯手段彻底审查

B．所谓现代自由时代的彻底自由（除了限制猥亵和诽谤之类）

7. 两种解决方案明显都失败了：

A．中世纪的压制引发了宗教改革

B．现代的彻底自由引发极权主义信仰传播，这些信仰摧毁了它们得以传播的自由

8. 结论：言论和出版自由不是政府或社会秩序的一项原则，而是维持和改善社会秩序的一项谨慎措施——只要它有预期的效果。审讯压制或思想控制也不是一项原则，而同样是特定条件下维持社会秩序的措施。

五、关于超越性经验

1. 我们可以区分三类文明：

A．宇宙论文明

B．人类学文明（或古典文明）

C．救赎论文明

2. 它们大体上和汤因比的三个世代文明一致。根据不同

世代三种主要文明是：

A．埃及文明和巴比伦文明

B．中华文明、印度文明、以色列文明和希腊文明

C．远东文明（以及日本的分支）、印度文明、拜占庭文明（以及俄国的分支）、伊斯兰文明和西方文明

3．人类学文明中的关键事件是发现灵魂是超越性的通道。

4．这一事件在所有古典文明中都充分突显出来，以致可以把公元前 800 年至公元前 300 年的时期称为"人类轴心时代"（axis time of mankind，雅斯贝尔斯[Jaspers]），或者将之称为从"封闭"社会向"开放"社会的过渡期（柏格森[Bergson]）。

5．尽管如此，只有在希腊文明中灵魂才彻底"开放"，足以产生影响西方文明整个进程的独特表达形式，我们称这种形式为"哲学"。

6．"超越性经验"意指对所有内在于世界的存在之外的那种存在的经验。

7．超越性经验具有多种形式。赫拉克利特断定了与一种超越世界的精神存在——努斯（nous）——有关的三种超越性经验：爱、希望和信仰。柏拉图依赖爱（Eros）、死亡（Thanatos）和正义（Dike）作为关键的超越性经验。原初意义上的哲学是爱智慧（sophon），即爱全知的、超越世界的存在。

8．超越性经验的范围极大，从积极到消极。比如：爱、希望、信仰、信任、怀疑、不信、焦虑、被弃、绝望、怀疑论、冷漠、积极的仇恨、享乐主义的逃避、帕斯卡尔的消遣（divertissements），等等。

9．超越性存在——用宗教话语来说即上帝——在哲学话语

中可以分别被当作努斯（赫拉克利特与亚里士多德）、善（*agathon*，柏拉图）、逻各斯（*logos*，赫拉克利特、斯多葛学派与基督教），等等。

10. 灵魂一旦"开放"，超越性存在就成为共同体中的秩序根源（柏拉图："神是衡量的标准"）。鉴于秩序是面向或参与超越性存在而被建构的，可以用专业术语称之为和谐（*homonoia*，亚里士多德、亚历山大[Alexander]和基督教）。

11. 从灵魂中秩序的超越性根源来说，所有人都是平等的。对作为秩序根源的超越性神圣性的发现伴随着对人类的发现。这个意义上的"人类"不是任何特定时间的某个特殊人群，而是所有延伸到未知、未来的人的"开放社会"。"人类"概念与"世界政府"概念毫无关系——同时生活在一起的人群建立了"世界政府"。

六、关于法理学原则

1. 与三种主要的文明类型大体对应的是三种主要的法律文化类型——大体上如此，因为存在着大量的中间形式。

A. 宇宙论文明通过比拟宇宙秩序来象征秩序。政治共同体是一个微观宇宙。（课程讨论的原型：早期中国的符号体系。）

B. 人类学文明通过比拟人的灵魂秩序来象征秩序。人的灵魂秩序通过适应不可见的超越性标准而实现。社会是一个放大的人。（课程讨论的原型：柏拉图把社会定义为大写的人。）

C. 救赎论文明更明确地形成了关于遍及全人类的超越性启示和恩典的经验。属灵秩序与世俗秩序相区分。（课程讨论的原型：以色列和基督教的启示，属灵权力和世俗权力的分离。)

2. 评价历史上这些大相径庭的法律文化的发展、意义及其相互关系时必须运用一些原则。

A. 第一原则：人的本质恒久不变——根据定义。根据定义，本质即不变之物。"人的本质的变化"意味着人在变化之前或之后都不是人。人的能力和经验总是体现在其整体性中，不论其表现在历史上看起来有多么不同。

B. 第二原则：虽然人的本质不变，但是，从人在世界中的位置和超越性实在而言，人的自我理解从笼统发展到分殊。有时宽泛的所谓"人的本质之变化"指在历史进程中自我理解从笼统到分殊的进步。

C. 第三原则：通过多种分殊经验和用来充分表达这些经验的符号的发展，自我理解（意味着人在世界中的位置和他与超越性实在的关系）的进步是知识的增长。这是一种向实质意义上的合理性的进步，因为对实在（包括人在与超越性实在的关系中的位置）更为分殊的理解将使手段与目的更充分地协调，而且更专注于目的，直至要达到的至善。因此，合理性存在一个客观标准。基督教法哲学，比如托马斯主义法哲学，具有很高的合理性，对超越性实在具有一种分殊的理解，并且通过死亡中的恩典把至善置于荣福直观（beatific vision）中。在内在于世界的历史进程中寻求圆满的实证主义或进步主义法哲学则具有比较低的合理性。（课程讨论：基督教的圆满［perfection］观念与进步主义的圆满观念之间的康德式冲突。）

D. 第四原则：所有法律文化都经验到其原初的秩序根源位于超越性实在之中，尽管从笼统与分殊程度来看，这些经验的表达千差万别。

E. 第五原则：对超越性实在的人类经验假定经验着的灵魂与被经验的实在之间存在关联。这种关联被称为"共实体性"（consubstantiality）。（为了阐明这个术语在这层意义上的用法，课程讨论会涉及[法兰克福（Frankfort）的]《古代人的理智冒险导论》[*The Introduction to The Intellectual Adventure of Ancient Man*（Chicago，1946）]。）

F. 第六原则：超越性经验中的认知模式被称为"参与/与……有份"（课程讨论的例子：柏拉图说的分有（*methexis*）善（*agathon*），托马斯说的参与（*participatio*）永恒理性（*ratio aeterna*）。参与不是对内在于世界的对象或事件的认知，因而不会形成有关真正秩序的肯定命题。参与是灵魂中的一种运动，是通过共实体性回应超越性实在。它使得灵魂对具体情境中的不正义具有敏锐性。（课程讨论：梭伦[Solon]力争把"看不见的尺度"[unseen measure]转变成积极的雅典秩序；柏拉图无法为善[*agathon*]给出一个肯定的定义；柏拉图意义上的哲学家灵魂的情欲；基督教在《希伯来书》11:1中对信心的定义。）

G. 第七原则：由于正义秩序源自超越性实在，它无法用实体规则来定义。法哲学不能作为一个源于最高的实体公理的规则体系而形成。仅仅由于这一原因，进行这种尝试的法理学就必须因其理论上的不足而被摒弃。

H. 第八原则：历史经验表明，对超越性实在最敏锐的回应，以及转化为对具体情境中的不正义的明确反抗，都是稀有事件。这些稀有事件即伟大的立法者、先知、哲学家和圣徒。因而，作为一门科学，法理学的发展必须研究古典根源，以重建其中积淀的经验。这种必要性不可误解为接受权威或专注于"去世已久的"哲学家的观点。这是一个经验的过程，学生的灵魂从中在分殊的经验中得到训练；这把学生的灵魂逐步锻造为一个灵敏的工具，学生藉此就能确证在秩序问题上古典根源包含的真理。（课程讨论：亚里士多德把伦理学构想为一门关于"成年人灵魂中的秩序"的科学；这门科学只能在成年人中提出；也只有成年人能完全理解它。）

Ⅰ. 第九原则：对秩序的超越性根源敏感的灵魂反抗环境中的不正义，对正义秩序的理解藉此具体地得到进步。因此，对正当行为的表述主要是否定的。（课程讨论：波斯帝国中**真理**反对**谎言**；《出埃及记》20 章的摩西十诫及其消极禁令；苏格拉底无知的例子；在希腊，真理[*aletheia*]与虚假[*pseudos*]对立，从赫西俄德到柏拉图——切记柏拉图的一系列二分法。）

七、关于自然法

1. "自然法"将被理解为把对具体情形中经验到的不正义的反应转化为一组根本的实体规则的所有尝试，这些规划声称具有表达人和社会真正本质的权威。

2. 只有在与被接受的社会秩序对立中形成人的本质概念，也就是说，只有在超越性经验压力之下的人从社会的整体存在中完全分殊出来，才能形成上述意义上的自然法。

3. 在宇宙论法律文化中，这一概念尚未形成。那里通常只有一个秩序范畴，同时意指神圣秩序、宇宙秩序、社会秩序与个体秩序。（课程讨论：汉语中**道**的范畴与埃及语中 *maat* 的范畴。）宇宙论帝国的统治者（中国的天子[Son of Heaven]和埃及的法老)充当从神圣秩序与宇宙秩序到社会秩序与个体秩序的转换者。只有在宇宙论帝国的危机(汤因比的动荡时期[Time of Troubles])中,才会出现个体不通过公共代表的中介就把宇宙秩序转变为个人灵魂中的秩序的问题。典型例子:孔子(Confucius)。

4. 亚里士多德区分了自然正义与法律正义。如果某个社会秩序为人的潜能完全展开为成年人的沉思生活(bios theoretikos)提供了合适的环境,那么,它就是根据自然正义建立的(《尼各马可伦理学》第五卷与《政治学》第七卷和第八卷)。

5. 托马斯把自然法理解为关于正当秩序的洞见,人们通过参与永恒法(lex aeterna)才能获得这些洞见。这些洞见并不完善,必须得到启示的神法(lex divina)的帮助。

6. 某个正当秩序在本质上反对某个具体社会秩序乃革命之举。因而,自然法的某种形式可以视为革命的自然法。

7. 如果对某个现存秩序的革命性反对成功了,就会危及某个社会的存在。因而,在对原初的自然法的反应中,我们频繁地发现了一种第二位的自然法(secondary natural law),它们强调历史上形成的社会秩序是自然的。这种第二位的法律可以称为保守的自然法。

8. 评估自然法体系的价值时必须遵循下列标准:

A. 自然法具有理论证明,因为它把通过人的本质理论获得的洞见转化成强制性目的的语言。亚里士多德的转化可以作为例子:根据理论洞见,沉思生活就是人的潜能的完全展现。转化成一条道德规则就是:人应当在个人生存中力争找到这种完全展现。自然正义的规则:社会应当遵循以下方式来组织,即有可能实现这一目的，至少那些希望实现的人有可能。

B．如果自然法把理论上正当的、典范的秩序规则设为革命性改革的原则，它就是可疑的。亚里士多德在这点上非常坦诚：他在《政治学》第七卷到第八卷创建的典范的正当社会秩序并非改革希腊城邦的方案。他在《政治学》第四到六卷提出的具体行动方案具有迥然相异的马基雅维利主义特性。

C．如果自然法包含的只不过是一些党派偏好，而没有关于人的本质的批判理论基础，那么它就毫无价值。

9．在社会的灵性危机与道德危机期间，产生了一种特别的自然法，它试图从社会成员的契约关系中建构社会秩序。柏拉图在《理想国》中分析过这种契约理论的起源。它产生于这样一种思想：人是一种只受激情激发的存在。人与人之间通过和谐（*homonoia*），即通过他们共同参与超越性实在而来的秩序不被认为是现存的。人从参与共同的努斯（*nous*）隐入自己激情的躯壳，赫拉克利特将此刻画为创造私人的梦幻世界，它与公共世界对立，后者即参与公共之物（*koinon*）——共同的努斯。柏拉图延续了赫拉克利特关于个体激情的梦幻世界的思想。从这样的个体梦幻世界中无法建构公共秩序，因为这里的协议缺乏源自参与共同的超越性实在的强制力。契约将会是空洞的套话。这一分析适用于此后所有类似的理论。

10．我们必须把柏拉图分析过的契约理论和那种从"社会本能"（social instinct）中产生社会秩序的理论区别开来。"社会本能"是一个笼统的符号，一旦对秩序起源的分析有了分殊，它就没什么理论价值。但是，它对前段描述过的错误并不负有责任。

第四篇
正当与权力[*]

---

[*] 本书评最初发表于 *The Review of Politics*,III(1941),122 - 123。此处获准重刊。

正当与权力

在关于法律和国际秩序的经典文献中,詹姆斯·布朗·斯科特(James Brown Scott)教授的两册书是一项杰出成就。[①] 斯科特教授是下面这个学派的代表——他们将法律秩序从社会政治现实的背景中分离出来,仿佛只要在进化过程中克服某些障碍,法律秩序本身作为一个领域早晚都会被确立。一旦我们接受这一前提,研究进化中的秩序本质与结构,并将其系统地"编成法典",就成了一项明智的事业——斯科特教授在其杰作的第二卷中就是这样做的。在法理学(Jurisprudence)、国家(The State)、万国法(The Law of Nations)这三个标题之下,他条理井然地收集了希腊以来一流权威们对预期秩序的要素的论述。该书第一卷历史地"评价"《法典》(codex)中开始的体系的发展,第二卷则系统编纂了通过权威们的共识进化而来的原则和规范。第一卷的导论"使读者注意到某些法律和社会思想,这些思想既

[①] James Brown Scott, *Law, the State, and the International Community* (New York, 1939), Vol. I: *A Commentary on the Development of Legal, Political, and International Ideas*. Vol. II: *Extracts Illustrating the Growth of Theories and Principles of Jurisprudence, Government, and the Law of Nations*.

是根本的,又几乎是被普遍接受的"。

这部著作公开声明目的在于将体系编成法典,并且借助意气相投的思想家的权威来支持它。因而,我能做的就是阐明其思想中的主要原理。第一原理是这样一个命题:在人类历史中观念和制度朝着和平的法律秩序这一目标进化。这个第一原理需要许多其他原理。因为人类历史很显然并非一个线性进化单元,而是呈现出远东、美索不达米亚、西方与阿拉伯诸文明相协调的图景,所以必须引入"历史时期"(historic era)这一概念,以便为体系确立一个基础。"历史时期"始于公元前5世纪的希腊,以此为起点,通过西方历史延伸至当下,其间吸收了希伯来先知与基督教。中国、印度、埃及和拜占庭帝国之类的较小对象则与原始社会一起被公然地贬为史前时期的不确定状态。然而,即使把[人类历史]限定为"历史时期",进化之流亦非顺利。高潮之间的间隙不是被忽略,就是被解释为偏离和暂时的倒退。有关大迁徙的文献完全被忽略;从圣奥古斯丁到索尔兹伯里的约翰的8个世纪里一片荒芜,只有塞维利亚的圣伊西多尔(Saint Isidore of Sevilla)和《葛氏律》(*Decretum Gratianum*)才缓解这一情况。随后,随着文艺复兴出现了马基雅维利和博丹等可疑人物,他们对法律秩序贡献甚少——如果有的话——因而第二卷没有引用他们。在胡克和格劳秀斯(Grotius)之后,进化过程如此糟糕,以致无人再被引用。经过这番明智的省略,一条结实的简单进化之链得以铸成,从柏拉图和亚里士多德开始,历经西塞罗、《查士丁尼法典》、圣奥古斯丁、圣托马斯·阿奎那、维多利亚(Vitoria)和苏亚雷斯(Suarez),一直延伸到胡克与格劳秀斯。

我可以想象，即使斯科特教授思想的虔诚信徒费力阅读这一真诚而博学的**评价**时，也可能会感到不自在。他可能会想，对法律秩序的重大贡献不幸地与远不能代表和平、正义的秩序理想的历史阶段趋于一致：例如，斯多葛学派的贡献标示着希腊衰落与亚历山大血腥征服亚洲；西塞罗的贡献标示着并不完全和平的罗马征服开始，16世纪现代国际法的开端则与西班牙人征服美洲相伴随。看来，在秩序观念与维持秩序的权力的存在之间具有某种关系。尽管斯科特教授完全有理由一再宣称权力并不产生正当*，但很不幸，同样正确的是权力可以产生秩序，没有权力，秩序既无从产生，亦无从维持。或许正是在这里，下述看法的内在矛盾变得明显：这种看法往往使秩序观念脱离权力的现实情况。因为拥有权力并不能确保它维护的秩序的正当性，所以人们常常发现权力和强制力的运用本身就不道德。对一个政治思想家而言，最大的困难之一似乎是明确区分秩序的内容问题与秩序的实施问题。正当问题从属于秩序赖以建立的原则；人的本质如其所是，维持秩序将不得不总是依赖强制力手段。

---

* 此处原文为 Might does not make right，和习语 Might makes right 有关，后者即所谓"强权即公理"。沃格林在此仅仅陈述 might 对于秩序之重要，并无褒贬，故本句中三处及本篇题中的 might 均译为中性的"权力"，而未采取有明显贬义的"强权"一词；right 亦按习惯译为"正当"，而非"公理"。这样一来，译文体现不出那句习语，似乎略失沃格林原意，故特此向读者说明。——译注

第五篇
法律科学中的两项新贡献 *

---

* 本书评最初发表于 The Review of Politics,III(1941),399-404。此处获准重刊。

法律科学中的两项新贡献

一门合格的法律科学没有简单的研究对象。制度史或正义秩序的设想并未穷尽法律科学,分析法律规则的逻辑结构、区分社会行为的类型、研究权力结构或分析司法程序也都如此。它的范围从人的生物特征到某种文明的伦理与宗教背景,从某个社会的经济制度到规范判断的逻辑,从(自由概念代表的)人类的扩张性和(恐惧概念代表的)人在焦虑中的萎缩到细致地、技术性地讨论借助管制达到特定社会目的之最佳方式。这些论题对于充分呈现对象无一不是重要的,也无一可以被当作附带的而加以忽略,每一个话题都需要全面掌握材料和解释它们的方法。我认为,问题的这幅图景是近一个半世纪以来法律科学的重大贡献的结果,这些贡献出自分析法理学、历史法理学、哲学法理学和社会法理学这些进路。在这一成就中,我们必须举出法律科学中最近的两项重大贡献:蒂玛谢夫教授的《法律社会学》与博登海默教授的《法理学》。[①]

[①] N. S. Timasheff, *An Introduction to the Sociology of Law*, Harvard Sociological Studies, III(Cambridge, Mass., 1940); Edgar Bodenheimer, *Jurisprudence*(New York, 1939).

尽管两位作者的研究方法差异很大，但是对主题的处理却高度一致，这看起来对他们作品的卓越品质具有重要意义。一致性源于以下事实：他们都实质上接受刚刚描述过的情况，并且没有试图再把论题简化为它的某个组成部分。他们的共同特点在于视野广阔，从而避免了过度片面地强调历史方面、分析方面、政治方面或伦理方面。他们一致认为，法律并非人类心灵的先天结构，因而也不是在所有文明阶段始终都可以发现的现象，相反，它具有一种历史地位。因此，他们认为，获得法律定义的最恰当方法就是建立一个充分发展阶段的理想类型，借助与成熟的法律类型的差异来刻画其他共同体的秩序。尽管如此，一般前提层面的观点一致还是为组织材料时的巨大分歧留下了足够空间；这两本书，不仅以其一致，而且以其分歧，成为了这样的科学技术的代表——这些科学技术明确地呈现了当前在法律科学进一步发展的道路上存在的困难。*

蒂玛谢夫教授把法律定义为一种"行为的伦理的-命令的调和"（ethico-imperative coordination of behavior），因而法律意味着一种秩序，这种秩序"由中央权力机构（法庭和行政机构）强制实施的行为模式构成，同时得到下述群体信念的支持，即相应的行为'应当存在'"（第17页）。这样理解的法律"不是人类生存的一种必要形式，也不是人类思想的一个范畴"，而是"一种历史现象，是文化发展的一种产物"（第272页）。这些定义决定了全书的谋篇布局：第一部分是导言，解释了法律社会学在科学中的

---

* 本篇书评定稿时参考了潘汉典先生翻译的《博登海默法理学》（即本篇书评的《法理学》）的相关章节，此处采用潘先生译法，谨致谢忱！详见博登海默：《博登海默法理学》，潘汉典译，北京：法律出版社，2014年。——译注

通常地位；第二部分和第三部分分别探讨了法律的两个构成要素——伦理和权力；第四部分处理伦理问题和权力问题的交叉部分，也就是作者称为法律的东西。在主体部分（第二、三、四部分）中，论题在均衡、变化、分化与整合、社会伦理情境的解体、权力结构和法律制度这几个总标题之下组织起来。实际上，上面例举的所有论题在这些标题之下都找到了位置。在这一点上我们唯一要说的是，依靠对这一主题的文献的广博知识，蒂玛谢夫教授为这一研究领域提供了一个精彩而且极为有益的概述，因而该书也是这个问题出色而且有趣的入门读物。

不过，由于蒂玛谢夫教授采取的方法论立场，这里出现了一些困难。从上述问题我们可以明显看到，不能用随意选择的单一方法一元地掌握复杂的法律现象，相反，其中包含的不同要素需要各自特有的、千差万别的方法，以便充分处理。蒂玛谢夫教授忽视了这种必要性，因为他信奉实证主义科学观念，尤其是，他认为"社会学是一门探求通则的科学（nomographic science）"（第 19 页）。蒂玛谢夫教授这个有些专断却未试图证明的陈述妨碍了对这一领域的充分组织。即使在最严格意义上的社会学领域内，这一立场也成问题，因为社会学家运用的实际方法绝不是"探求通则的"。例如，"理想类型"既不是对"社会中自然法形式上的一致性"的描述，也不是历史探究殊情的概念（idiographic concepts），而是属于第三种复杂的概念工具，马克思·韦伯已经详细论述过。在我看来，如果文德尔班（Windelband）与李凯尔特（Rickert）提出的探求通则的科学与探究殊情的科学*的二分

---

* 沃格林（或编者）在这部分似乎把 nomographic 当成了 nomothetic。Nomothetic 与 idiographic 的二分起自新康德主义哲学家文德尔班。根据辞书解释，（转下页）

法原本想穷一切的话,那么,在这35年里,这种二分法一直是站不住脚的。当然,蒂玛谢夫教授并没有遵循自己的方法论准则。前面引用的他的法律定义并非探求通则的,而是一个大体上构思精巧的类型概念,这一事实切不可因为以下而忽略:他把概念当作和引力定律一样来处理,必须由实验证明其效力。在他直言不讳地宣称法律是社会行为的一种伦理的-命令的调和之后,他为自己确立了"证明"法律的确如此的任务。我承认自己看不出某个类型概念如何"被证明"。它是在由于某种原因看起来具有关联性的材料的基础上形成的,并且是为了符合这些材料而形成的。如果它不符合这些导致它产生的材料,将令人备感意外。当然,蒂玛谢夫教授作为称职而又娴熟的科学家,自然是在了解材料的基础上逐步形成了概念;声称这个概念从天而降,因而现在奇迹般地适合社会现象,这没有多大意义。尽管如此,首要的是讨论这些材料,并说明它们被认为具有关联性的原因,以及某些本质特征为何应该属于类型概念的形成;不幸的是,蒂玛谢夫完全忽略了这个关联性的问题。

尽管适当的程序是首先以介绍的方式提出材料并讨论关联

(接上页)nomothetic 源自希腊词 nomothetikos 和 nomothetēs,词根 nomos 意为"习俗、法则、法律",-thetikos 意为"确定、制定",-thetēs 意为"制定者";因而,nomothetic 意为"和普遍的法则、规律和法律有关,或处理它们的"。Idiographic 源自希腊词 idios 和词根 -graphia,idios 意为"属于自我的、某人自己的、私人的、个体的",-graphia 意为"写、记录";因而,idiographic 意为"和具体的、个体的、独特的事物有关,或处理它们的"。文德尔班引入这对术语区分自然科学(Naturwissenschaften)与精神科学(Geisteswissenschaften)以及各自方法。自然科学探究一直存在的现实,致力于发现普遍规律;相反,精神科学,如历史学,研究只出现一次的现象,致力于独特的个别事实。因而,他称自然科学及其方法是 nomothetic,精神科学及其方法是 idiographic,但他也强调这二分法反映的普遍与特殊的区分并非绝对的。随后,学界普遍接受了这一区分,甚至有所误解和强化,形成二者之对立,但也有人试图综合二者或强调其互补。根据以上理解,此处将 nomographic 译作"探求通则的",idiographic 译作"探究殊情的"。此处根据沃格林本意和英语惯例,把原文的 nomographic 视为 nomographic 翻译。——译注

性的问题,然而,或许在有些情况下,对具体的科学结论而言,探求通则的认识论的表象是否掩盖了类型无关紧要。然而,在蒂玛谢夫教授的论题中,"自然法"的虚构导致了一种与对象的复杂性不相容的理论僵化。他关于法律的类型概念可能是对关联要素很好的简化,有人可能还会赞同道:管制的要素——秩序、伦理的群体共识、政府机构的强制——应当介入这个概念,但是这绝不意味着类型可以作为系统而科学的法律研究的充足基础。在同样情况下,除了伦理信念与权力强制,上面提到的话题和更多的话题也成了主题。把研究领域细分为伦理、权力和法律,意味着人们不得不把不属于其中任何一个标题的大量问题塞入错误的系统位置,最终严重扭曲问题的分布。进而,将这些话题从人的本体论到通过司法裁决实现的法律规范的具体化,都归在均衡、变化、整合和分化之类的标题下,堪称一项杰作(*tour de force*)。在这一点上,作者坚持不惜代价地在"探求通则的社会学"的理念下处理法律现象,严重妨碍了一项业已顺利开启的事业的成功。在此我们值得再次考虑一下马克斯·韦伯的一个偶然言论:大学的科系划分并未体现宇宙的结构;尽管有充分的理由设置社会学系,但这并不意味着可以在有时被称为社会学的范畴下充分研究作为社会现象的法律现象。前面描述过的法律科学的现状也是蒂玛谢夫教授所绝对接受的,这种现状需要一个学者同时是社会学家、心理学家、政治科学家、法学家和最优秀的形而上学家。如果有必要为蒂玛谢夫教授诚实的学术著作给出证明,那么,指出如下事实就足够了:他对话题的学科分割式研究进路并未妨碍他广泛地处理该领域的问题。通过这一遍布全书的矛盾,他揭示了问题的真正实质,而这并不是他最小的贡献。

博登海默教授的《法理学》与蒂玛谢夫教授的《法律社会学》构成一个有趣的对比。蒂玛谢夫教授的思想抽象而系统，他以概念的定义开篇，却没有说明他如何获得这些定义以及为何提出这些定义，然后继续前进，并且惊喜地发现它们符合现实，因而引入它们并非徒劳，这让读者冥思苦想这一预定和谐的奇迹；而博登海默教授则从历史中出现的对象开始，并且试图从表面的事实深入到那些可能已经形成复杂结果的要素中。因而，他给该书四个部分所加的标题不应该被理解成对某个体系的描述，而是可以在历史环境中发现的法律科学的积极推动力的名称。第一部分讨论权力和法律，包括讨论正义的一章，很明显，这些内容放在一起不是因为体系原因，而是因为在这个主题的日常讨论中它们与话题相关。第二部分涉及自然法，后者同样不是一个体系构成单元，而是一个具有复杂结构的历史事件。第三部分论及形成法律的力量，包括政治的、心理的、经济的、民族的、种族的和文化的因素，几乎近似于一种系统概述。第四部分探讨法理学中的实证主义，选择了19世纪及以后的分析理论与实证主义社会学理论来特别讨论。博登海默教授没有给出这么组织材料的任何原因，尽管这可能值得考虑。

根据两位作者的见解，由于法律并非一种先天结构，而至少部分是一种社会-历史现象，于是，如前所见，从一个广阔的领域中科学地选择具有关联性的材料的标准问题就产生了。蒂玛谢夫教授的实证主义思路只是简单地避开了这个问题，博登海默教授做出了实际的选择，却没有给出证明。法律中的关联单元是在历史现实的自我解释中界定的，这自我解释借助于在特定情境中表达了他们形而上学的、政治的和伦理的偏好的人；这就是说，在第一条思路中，关联性就是法律上有秩序之共同体的成员认为相关的东西。如果我们想界定法律一类的现象，就必须首先研究致力于塑造共同体秩序的人的思想，这包括通过其日常言行来如此做的普通人，还有政治家、专业而系统的思想家。这些思想素材只可能是起点，因为它们是实用性的，我们必须继续深入到这类材料的要素中，但它们终究是我们达到关联性选择的唯一途径。因此，像博登海默教授那样，围绕实用思想的主要类型和潮流归类素材，这一做法在科学上值得高度称赞，尽管这是法律科学中首次而非最后的尝试。

  这条思路看来特别契合作者，因为他本人在形成自己的体系时有自己的目的，这个目的阐明了法律的限制性功能。他的定义是："最纯粹、最完善的法律将在个人和政府滥用权力的可能性均被降至最低限度的那个社会秩序中实现。"（第19页）这个意义上的法律的功能在于把个体行为限定为彼此相容的行为模式，同时限制统治者的行为，从而使共同体的普通成员在私人领域相当安全，免受政府不可预期的任意干涉。如此强调限制性功能使得法律领域的范围比蒂玛谢夫教授的定义要窄一些；博登海默教授特别注意到蒂玛谢夫教授引入的那种群体共识有可能支持一种专制独裁、不受限制的统治。这个较狭隘的定义是否最符合社会现实的自我解释——这是这个问题的终极例子——这可能是个问题，但是，博登海默教授完全可以在西方立宪政府的模式上为形成他的理想类型提出充分的理由。而且，只要仔细阐明类型之间的实际差异，这在科学上就不会影响太大，尽管实际上对博登海默教授影响极大——他希望把**法律**一词仅仅留给立宪政府,并拒绝将之给予独裁的法律秩序。

由于作者通过关于这一主题的实用思想处理**法理学**问题,该书大部分叙述关于法律的不同方面的学说。即使有人质疑该书最终的体系价值,它依然是一部构思巧妙的法律理论史杰作,因而可以作为这一主题的教科书。对斯多葛学派的自然法、基督教的自然法、古典自然法和现代自然法的概述(第 103－192 页),以及对关于形成法律的力量的文献的概述(第 195－261 页),都极为恰当地介绍了这些领域。其处理方式是简短且总体上正确地陈述理论,随后进行简明而切题的批判性评价,将正在讨论的理论引向体系问题——尽管不算太远。这一方式的优势在于概括了法律科学的现状,产生了一幅与我在开场白中描绘的情形相似的图景,其弊端则是妨碍了建设性观念的形成,因为论证与对问题的传统讨论联系得过于紧密。因而,从体系方面来看,本书更富成就的部分是对那些接受过全面哲学教育的思想家的分析——截止到 18 世纪末,然而,当概述社会科学中最初的劳动分工时期,尤其是叙述 19 世纪大法学家的法学文献时,其成果略显贫乏。

法学家是一个高贵而自负的群体。因为工作的实际重要性,他们满怀人们可以理解的傲慢,并常常认为,如果自己在教义上精通法律,就完全有能力科学地处理它——实际上并非如此。看看 19 世纪一些重要的罗马法权威,他们在"自然科学"中"物质"意义的基础上形成"法"(rex)这一法学概念,实在令人毛骨悚然。即使他们屈尊获得一些科学中运用的方法的知识,这些知识及其应用往往依然是浅薄的。这一时期的狭隘风气多多少少出现在博登海默教授对它的解释里。尽管如此,我认为,澄清这一状况非常重要;当博登海默教授在结尾提纲挈领地指出,需要综合法律科学中的不同进路以全面而充分地处理这一高度复杂的主题时,他至少已经毫无疑问地阐明了我们当前所处的境地,同时指明,今后法律科学必须奠基于对其诸多分支学科的全面把握。

第六篇
评《法律科学理论》*

---

* 本书评最初发表于 *Louisiana Law Review*，IV(1942)，554-571。此处获准重刊。

评《法律科学理论》

1

法律科学理论的著作如此之少,以致这一领域中的每一篇文章保证都会受到热切关注。凯恩斯先生这部专著现在毫无疑问也是这样,这不仅因为其作品质量,也因为作者的品质。[①] 不过,要全面介绍这本紧凑的书绝非易事。书中有些内容让读者感到困惑;我首先将不加评论地陈述它们,之后才冒险评价作者提出的问题。

凯恩斯先生意图提出一门法律科学理论。正常情况下,翻开带有这一标题的作品的读者希望从中发现,作者阐明了某门实际存在的科学的认识论与方法论,即使其理论基础迄今令人不满意;有人则希望作者指出他声称要阐明其理论原则的东西的知识体系。在这一方面读者会感到失望。因为凯恩斯先生认为,如果我们不考虑一些值得尊敬的片段,法律科学根本不存

---

① Huntington Cairns, *The Theory of Legal Science* (Chapel Hill, N.C., 1941).

在，其产生也是将来的任务。因而，总的来说，这本书包含的是一门并不存在的科学的理论。

这门科学虽然不存在，但是依作者之见，它应当存在。为了帮助其产生，他承担起精神助产术工作——勾勒其目标和基本理论问题；随后，他要求我们为之操劳。有些读者可能会因作者告诉读者做什么，而非躬亲其事的方式而恼怒；但恼怒并没有道理。全书显然贯穿着一种劝诫的口吻，这偶尔会让读者觉得作者在做一些他明确知道应当做的事情，多少为其理论事业赋予了合法性。不过，这本书包含的不止劝诫。这一讨论具有积极的价值，因为在回顾以前的研究进路时，它指出了今后要避免的理论荒谬与事实性错误，而且作者还提出了他认为的法律科学中的主要问题——我们将发现，这个问题实际上也是任何关于社会秩序的科学中的关键问题。通过阐述其核心问题来界定一门科学的领域，这无疑是一项重大的理论成就；但是，单纯的阐述使我们对这门未来科学的内容一无所知。这种状况使得本书难以阅读。本书风格明晰（除了个别晦涩的段落），问题的铺陈也很清楚。但是，通览全书，运气不好的读者无法把作者的想法诉诸任何科学事实，这尤其因为作者处处都言辞凿凿地说目前一无所有，因而需要几代学者耐心工作形成这门科学。读者在理解过程中会一再挣扎犹豫，因为他无法知道作者在谈什么。

然而，这只是那些愿意无条件地相信作者的外行读者的困境。这一领域的专家会发现另一个感到困惑的原因。凯恩斯先生毕竟（极少地）提示了未来法律科学的范围与目标。从否定的方面看，他明确指出：法律科学不是法律史；单纯地堆积事实（不再是描述的制度学派）无法穷尽法律本身，而必须形成一般规则；这门科学和奥斯汀式的分析法理学也不相同；当前的法律理论流派，诸如社会法学家、现实主义者和实验主义者都归入"法律技术学"(legal technology)；它们的成果无法作为一门科学的基础，不像其工作在其他方面那般重要。从肯定的方面看，他把法律科学定义为人类行为科学，在社会中消除无序和创建秩序是其功能(第2页)。这种意义上的法律科学不仅仅涉及民法制度和刑法制度，而且至少包括政治科学大部分的主题(第3页)。这个相当宽泛的领域潜在地包含了各种各样产生秩序的人类行为，在后面的段落中，通过列举构成主要研究领域的法律结构的六个要素，这一领域缩小了。这六个要素包括人(persons)、社团(associations)、财产(property)、承诺(promises)、共同体宪法(constitution of the community)和行政支持体系(sustaining administrative system)(第93页)。为了简化分类，作者倾向于把六个要素归入三个标题：对行为的管制(包括前四个要素)、宪法和行政体系(第98页)。将这一领域界定为六个(或三个)要素，这一做法因法律被定义为"社会控制手段"(means of social control)而进一步得到补充，法律"为了实施，在自身中或背后包含了一个明确的机构，这个机构施加政治上组织起来的社会的压力，或者说通过这一机构施加这种压力"(第22页)。凯恩斯先生很清楚，这个定义针对现代国家，而且，囊括其他法律制度就必须充分考虑现代国家逐步形成的执行机制的"对应物"(第23页)。探索这一领域的科学最终是为了形成一个普遍规则的体系；但在形成极具一般性的规则之前，我们必须借助暂时的理想类型建构做好准备。"体现法律关系之秩序的理想实体把我们引向丰富多样的社会生活中的关联物，并且允许我们比较究

97

竟什么可以通向一般化,并最终通向知识、普遍性和体系"(第111页)。

这一方案值得称赞,在这个阶段我没有批评;但是,如我所说,内行读者会对此感到困惑。将法律科学规划为处理针对一般秩序问题的人类行为的社会科学,区分三种秩序(管制、行政和宪法),诉诸执行机构定义法律,尤其是借助建构理想类型推进,这些都是读者熟悉的特征,因为它们不仅各自与马克斯·韦伯的社会学原则紧密联系在一起,而且结合在一起亦是如此。韦伯的名字在凯恩斯的专著中仅仅出现过一次,作者在那里提到了他的《新教伦理与资本主义精神》(*Protestant Ethic and the Spirit of Capitalism*,已译成英文)。韦伯创建了一个基于理想类型建构的社会学体系,并在一些已经成为方法论经典文献的文章中详细阐明了科学的理论原则,而且,他逝世后整理的(不完整的)《经济与社会》(*Wirtschaft und Gesellschaft*)论稿已于1922年出版,看来凯恩斯完全不知道这些。《经济与社会》以小号字体、四开本印刷,如果以通常的开本尺寸印刷将超过两千页,其中一半正是致力于凯恩斯目前提出的规划。我们面对一本甚为奇特的专著,它试图从头开始煞费心血演化出一种理论立场,而这种立场几十年前就已形成,在所有细节方面都极为准确,并运用千页以上的丰富材料补充。不过,认为凯恩斯先生不知道韦伯很不公平,相反,他引用了韦伯的一部作品。作为上一代社会科学中屹立的巨人,韦伯为这一领域中的每一位学者所熟知,他的作品在任何一个大图书馆里都可以找到;他的基本概念现已由塔尔科特·帕森斯(Talcott Parsons)教授在《社会行动的结构》(*Structure of Social Action*)中做了敏锐的分析。凯恩斯先生的态度是个谜，除了他本人，或许没有人能够解释它。无论如何，对凯恩斯的提议感兴趣的读者被引向了韦伯的作品，将其作为有关"法律科学"的标准论著，而根据凯恩斯的观点，"法律科学"并不存在。

一旦这一点变得清晰明了，有些读者可能会认为事情已到此为止。但是，我再重复一次：其结论同样是草率的。作者关于法律科学的状况的假定并不正确。法律科学（就他对这个词的定义）举足轻重地存在着（我要补充一句，不仅仅在马克斯·韦伯的作品中是这样），其理论问题亦被阐明，远远超出他得出的任何观点。在讨论这本书时，我们不能全部相信这些事实。因为凯恩斯先生本人就是一位哲学名人，像他这样优秀的原创性哲学才俊不得不说的东西本身就值得关注，而无需考虑刚才概述的情况。社会科学依然只得在不利条件下开展；不论成败，作者的努力都为我们这个时代的理论状况提出了启示性的洞见。接下来批判地评价作者立场时，如果他的缺点超过了成就，读者们也不应当被诱导低估凯恩斯先生的贡献。全面看待问题并保持关切才是讨论它们时最重要的步骤。

99

2

第一个需要澄清的问题涉及支撑理论分析的科学模式。这个问题在这本书的语境中特别重要，因为，法律科学据称并不存在，创建它的模式是它未来的实质阐述的前奏。在这个问题上，凯恩斯先生似乎在很大程度上遵从"科学的迷信"，即自然科学为社会科学提供模式这一信念。自然科学是"更加成功的"科学，我们应当尽力达到同样的繁荣(第11页)。在追求成功过程中建立了如下具体理想：(1)规律的一般性(第7页)，(2)在一般规律基础上事件的可预期性(第10页)，(3)准确性(第139页)。

让我们首先来看最后一点。作者未曾定义**准确性**，但从其语境来看，他用"更准确的科学"反对"不够严谨的"研究(第139页)。人们可能怀疑这对术语的价值。如果"准确性"有某种理论含义，而且，如果被应用于作为典范科学的物理学，那么它仅仅意味着物理学规律是用数学形式表述的。然而，在任何科学中使用正式的数学工具来表述命题绝不是选择问题，而是本体论的可能性问题。我们运用数学符号表述有关时间-空间-质量关系的命题，因为我们**可以**把它们应用于这一存在领域中的关系。但是，我们不能把数学符号应用于"剖析革命"或"超凡魅力的常规化"，因为这些主题的结构不允许这种应用。试图把数学方法应用于刚刚提到的这类现象并不能使命题变得准确，反而会导致无稽之谈。只要我们意识到社会科学的"不准确性"仅仅意味着主题的独特结构需要数学之外的其他方法，那种赶时髦的想法就不再有吸引力；我们还会发现，"法律科学"有其自身的准确性标准，尽管更为复杂，因而更难维持，或者在个别情况下更难就它们是否被遵守达成一致意见。

科学的第二个理想即形成一般规则，甚为含混不清。凯恩斯先生表述如下：法律科学的目标必须是"确定它关心的现象的复杂现实是否展示了那些能以一般性或具体规律表达的有序重复的要素"(第13页)。他以这个理想反对那种令人不满的"单纯堆积事实"的状况(第13页)。至于第三种理想，即社会行动结果的可预期性（第 10 页），所引段落的意思似乎是：一般规则即做出如下声明的规则——每当社会现象 A 发生，社会现象 B 经常会及时地随之发生。不过，作者在这一点上的意图并不十分明确。他在其他场合也谈到了"统一大量特定事实的"一般规律（第 7 页）或"事实之间的不变关系"（第 10 页），但并未涉及时间顺序；这些套话可能也同样适用于典型的结构布局。无法诉诸规律的具体例子来消除这些套话的不明确，因为作者很认真地假定法律科学并不存在，没有给出任何例子。由于作者使我们依然在黑暗中摸索，他不会反对——我希望——我们把评论奠基于单纯的印象：我们觉得，他最主要的一般模型就是社会现象的时间顺序之重现。

如果我们理解正确的话，这个一般规则假设包含着严重的问题。它模仿"自然科学"的结构形成（第 7 页及下页）；因此产生了这一问题：社会秩序的主题是否与无生命之自然的主题具有相同结构。这个问题由于凯恩斯先生频繁使用**外部世界**一词表示自然和社会而被略过；但是，这种使用中包含着循环论证（*petitio principii*）：是否存在一个具有一致的主题结构的外部世界恰恰是要考虑的问题。作者本人也疑虑一般规则的无所不在，但他以如下语句来缓和疑虑："在没有证明这一理想不可能实现的情况下——这一证明当然需要——这个理想仍然是可靠的"（第 8 页）。这是把求证推给对方的妙招，却站不住脚。作者大量引用方法论文献，应当知道一个有关事实的否定命题无法依据他自己在书中如此巧妙阐述的可证实性规则来证明（第 70 页）。如果他在等待证明法律科学中一般规则的不可能性，那么他将长期等待，因为不可能证明。

社会科学的结构问题在别处。凯恩斯先生说得很对,科学的理想"很大程度上决定了被选中探索的主题和运用的方法,甚至还有被选中研究的事实"(第8页)。简而言之,关联性问题和选择原则问题是与社会科学的结构有关的关键问题。然而,除了列举话题外,这本书在关联性问题上保持沉默,我们先前已经注意到这一点;沉默有着充分理由:凯恩斯先生没有明显的关于人及其在社会和整个世界中的位置的哲学;而这一哲学可以告诉他,在人的世界和社会中什么是彼此紧密相关的。对作者来说,今天以哲学人类学为名的整个知识分支并不存在。除非我们拥有人的观念,否则就没有参照系来认定哪些人类现象有关或无关。人类以物理的、生物的、心理的、理智的和属灵的方式参与创建社会秩序。其中一些参与将为形成极其一般的规则提供机会:比如,一个建立在禁欲理想和独身假设基础上的社会秩序在一代内就会绝迹,除非它能从周围社会补充自身;如果统治阶层不是凭借个人财产或国家财富的制度化配置机会形成的最富裕阶层,社会就不会稳定;一场由魅力型领袖领导的运动可能会制度化或迅速瓦解。其他命题则只适用于某些文化区域,例如,加尔文主义(Calvinism)是理性工作习惯形成的促进因素。有些命题根本就不能称为一般的,因为它只包含一种情形,比如西方世界人人平等的观念部分地是由基督教塑造的。

面对那些少得可怜的例子表现出来的社会科学事实,这番指令显得有些徒劳:法律科学应当是一组特定类型的规则。我们首先关注主题的关联性:如果社会现象向我们表现为相关的,就会成为科学研究的对象,只要有必要,我们会形成结构、要素、时间顺序等理想类型,而不会太操心其一般性程度。例如,作为一种有秩序的社会生活形式,城镇让我们看来是相关的,于是我们会着手建构各种城镇类型,如希腊的、东方的、美索不达米亚的、中世纪的和现代西方的城镇;我们不会因为中世纪城镇的"理想类型"并非"一般规则",不能把我们引向更一般的规则,而让这一事业受阻(第111页)。当然,凯恩斯先生可能会反对说,他对那些至少不能形成一般规则的科学命题不感兴趣。面对这一主张,我们只能放弃:没有人有义务对哪一门特定的科学或科学本身产生兴趣。如果作者在社会科学存在之际不该对它感兴趣,那是他的私事;他自然无权因为并鉴于那些令人印象深刻的社会科学成果不符合他的一般性观念而宣称它们不存在或不科学。在社会科学体系中,一个命题可能会因为下述某个原因不具有合法性:(1)它无法证明;或者(2)它在哲学人类学决定的参照系中不具关联性;一般性的问题与其地位的合法性没有关系。

3

最后几句话似乎表明理论探讨的界限,不过读者会注意到这是有条件的。凯恩斯先生和其他社会科学家在以下观点上并无分歧:命题必须是可证实的,而且类型建构必须符合事实。潜在的分歧点出现在关联性理论中。显然,我们所有人拥有的关于人的观念并不相同,相关主题的选择原则可能千差万别。庞大的社会思想体系中有不同的关联性规则,因为它们有不同的人类学。亚里士多德的人类学不同于柏拉图的人类学,马基雅维利的不同于托马斯的,博丹的不同于霍布斯的,等等;这些思想家的体系彼此大相径庭,这主要不是因为事实上的分歧,更多地是因为人类学原理上的分歧。如果这就是理论现状,我们是否必须接受下述结论:永远不可能有一门像自然科学一样向更加完善的体系持续进步的社会科学?社会科学受制于关于人的本质的形而上学问题上的个别立场吗?绝对如此!

下述断言稍微减轻了我们最初的震惊:当前的情势还没有堕落到混乱的主观主义之危险;尤其是,我们周围的社会机制的力量可以积极纠正越轨,因为其中体现的关于人的观念可以影响社会中可能的分歧之范围。此外,在这一既定框架内,人们永远可以用纠正的方式讨论哲学人类学的错误。今天如果有人将关于社会秩序的科学建立在下述假定之上,即社会秩序的建立与内容不受人的宗教意识与宗教观念的影响,或者经济问题不是政治秩序中的一个要素,或者大众心理学研究的人的本质的某些因素可以被忽略,他会发现自己的主观成就鲜获赞美,而且会被礼貌但明确地要求在探讨社会秩序问题之前先熟悉生活中的事实。在哲学家们的所有分歧中标准趋同,使得人们不能声称成功建立了体系,除非支持体系的人类学对人类本质的不同因素给予了应有的重视。

虽然存在着关于人的知识,社会科学领域内的学者不能随意地过分无视它而又不被批评为不够格,但是,共同努力使之持续完善也没有希望。因为关于人的观念并非外部世界的素材之一,而是人类精神的创造,经历着历史变迁,而且必须由每一代人和每一个人再创造。提一下最关键的观念事件:基督的出现为关于人的观念增加了每个人的属灵独特性这个维度,以致我们不再在例如柏拉图或亚里士多德的人类学之类的基础上建立关于社会秩序的科学。同样，在西方基督教世界，关于人的观念并非一成不变，而是不断变化；比如，它借助文艺复兴并在此之后获得了历史独特性维度。不同观点的主要决定因素出现在创立和改造这些观点的思想家的根本宗教态度中。因而，物理科学与社会科学在认识论上大相径庭。从某种意义上说，物质领域静止不动，我们在研究中能取得的进步是在解剖保持不变的尸体时取得的进步；而人和社会的领域相对来说更活跃，理解程度则取决于关于人的观念的范围，后者又由学者通过环境传统及其人格的宽容程度来处置。所以，在把社会科学上的努力的缺陷归于完全缺乏知识时（诚然这种情况也常常发生），我们务必极为谨慎；如果有任何犹疑，我们倒应该把取舍归于学者在关于人的观念上的根本态度。

在这题外话之后，我们现在可以回到凯恩斯先生的偏好上来。他的一般规则观念不仅仅是个人的想象，讨论并未结束。我们现在必须探讨作者专著中隐含的关于人与社会的观念。在分析中我们必须小心行事，因为不可能直截了当地讨论。凯恩斯先生并未明确形成关于人的观念，我们必须从其陈述的隐含意义中推断出来。意识到它仅仅是隐含着的这一事实就已经在理解上完成了最重要的一步。人的本质没有明显问题，因为作者在决定人在宗教上和历史上的独特性的经验领域内并未明确表态。凯恩斯先生知道有关联性问题，却没有看到关联性随着关于人的观念而变化，而且这一观念在自我反思的人格领域有其根源，人对世界的态度正是在这一领域内被构成。他假定只有一个合法的关联性体系，因而问题无需讨论。他能做出这一假定的原因在于，对他而言，从外部来看，人与其他自然现象一起，是外部世界的一部分。因而，在社会秩序的构成中起决定作用的个人整体并未进入他的观察范围。就此而言，很难确定凯恩斯先生一些令人诧异的陈述是否应该被当作他独特的关于人的观念的表达而被原谅，也很难确定一条更具批判性的进路是否正当。我挑选了代表他对宗教现象的态度的一段话。例如，我们发现这句话："在基督教传统中，关于真理的知识是救赎的必要条件，但与宗教无关的知识则是异端的。"（第 131 页）在脚注中这个句子得到吉本（Gibbon）的权威性支持。如果我可以建议作者阅读一下托马斯·阿奎那《反异教大全》（*Contra Gentiles*）有关两种真理（*duplex veritas*）问题的绪言，他会感到吃惊。我必须进一步指出，在这个问题上援引吉本作为权威的想法多少有点奇怪。读者也会注意到作者在论及基督教时使用的过去时态。基督教的经验领域实际上已经丧失在关联性材料选择上的决定功能，而且我们会发现，这不是唯一业已消失的领域。

于是，对作者来说，人被还原为外部世界中的对象层次；人可能具有创造性，但并非社会与历史的精神创造中心；人已失去其独特性，成为一个可替代的单元。社会结构被物质结构所吸收。人们建立的关于社会秩序的科学只能制定关于以下现象的一般规则——这些现象由人的可替代的生物结构或位于人的精神核心之边缘的其他结构要素决定；人必须被还原为可替代的结构，以便使一般规则的科学成为可能。这类关联性体系也会满足作者实际的期望。我们看到，凯恩斯先生将批评扩大到当代法律理论家，因为他们热衷于一门法律技术学（a technology of law)。但是他并未谴责技术本身。他只是认为，超然而客观的研究将会产生这样一个规则体系，与那些只是极为狭隘地关注直接的现实问题的学者们不充分的方法相比，这个规则体系可以更成功地用于解决社会问题。社会科学"旨在预先告诉我们伴随各种计划发生的危险，并告诉我们哪一个是合理的处理方法，哪一个是不合理的处理方法"（第10页）。管理学兴趣或工程学兴趣很明显占主导地位，它淡然地假定我们都知道想要什么，我们都想要同样的东西，而且社会秩序问题并**不**在于以下事实——我们的秩序观念不符合我们的人的观念。

凯恩斯先生没有完全忽略这个问题。他很清楚，人们对价值的看法不尽相同，技术上适用的最完善的一般规则体系不会告诉我们做什么。他的工程学态度使他提出了一个奇特的解决问题的方法：如果我们可以假定一门并不存在的普遍规则的科学，那么为什么不假设一门并不存在的伦理规则的科学？依作者之见，我们不具备关于法律现象的全部知识，除非我们在描述行为的规则之外还有评价规则。这样一门价值科学"完全属于将来"（第144页），但是作者相信我们会以恰当的方式获得它。只要我们逐一处理具体问题，具体的解决方法会"自动形成一个体系"（第145页）。中世纪较古老的组织问题方法——把问题诉诸人们对生活与整个世界的根本态度——已经被文艺复兴破坏（第145页）。对研究特定的无关问题的新方法的任何质疑"被**工业革命**和**劳动分工**原则的胜利消除了"（第146页）。虽然这一主张似乎对凯恩斯先生具有致幻作用，让他看到了美好的未来，对读者却作用相反。因为读者可能记得他们听说过汽车引擎无疑是**劳动分工**（粗体，这样适合某位神灵）的胜利，但是，引擎的各个部件并非由于魔力自动就位,而是因为它们是根据最终产品的设计者的具体要求制成的。他也许略微受到下述想法的困扰:缺乏规划的劳动分工有时会令人不快。例如,如果我们允许每个人最大限度地运用自身的能力,并且相信从劳动分工中会出现某种令人满意的人类秩序,那么,我们就会失望地发现,那些特定部分根本没有在一个运行良好的秩序里各就各位,只会在**世界大战**的巨大混乱中相互冲突("世界大战"是粗体,以与**劳动分工**的神灵相称)。我希望无需进一步阐明这一点来更明确指出:凯恩斯先生的灵性虚无主义孕育着危险。

如果凯恩斯先生的虚无主义仅仅是 18 世纪对人的机械论解释的一个例子,我们无需为他的著作操心。然而,它显然是一种现代灵性虚无主义,反映了一位哲学俊彦的经验。凯恩斯先生那里的人是无宗教的(irreligious),也是非历史的(a-historic),我的印象是他甚至是非政治的(a-political),因为他无意于在自身与他人之间建立一种权威关系。但是,他有非常明确的伦理意识(尽管凯恩斯先生并未揭示其伦理准则的内容),而且,对通过"理性的"社会控制来改善并稳固社会条件表现出乐观的积极愿望。他在社会方面很仁慈,但他不是仁慈的暴君;他是仁慈的民主主义者,梦想着赫胥黎的"美丽新世界"(Huxleyan brave new world),减少人们之间的差别,使之成为 α、β 和 γ。

这些强烈情绪使凯恩斯先生能够阐述社会秩序的科学的主题;而且他的阐述作为一条重要的理论原则依然有效,尽管它在工程学背景中受到奇怪扭曲。我们先前提到过"法律科学"被定义为人类行为科学,它反抗无序。"任何时候都存在于人类社会中的秩序主要是一种已经实现的秩序、一种创造,人处于其中心;它不是物理世界的秩序,在物理学理论中,物理世界的秩序只是自然盲目起作用的结果。"社会理论家不能把"一种有待他去发现的终极社会秩序"当作理所当然的。"他必须假定一种终极的无序,后者通过人的创造主体性和其他因素,已经变成秩序"(第54页)。通过"创造性的想象"(第60页),"人们从无序中锻造出社会生活中的秩序"(第53页)。

我们在此最终到达古典领域。通过对社会无序的经验,人类心灵受想象行为激发,创造与人的秩序化观念相符的秩序。雅典城邦的无序激发苏格拉底去刺激同胞想象真正秩序。他为这种努力献身,在这个悲剧的影响下柏拉图创造了《理想国》(*Republic*)的伟大秩序,希望激发人们的想象,至少激发某个能给混乱的人们强加秩序的统治者的想象。他在希腊建立秩序的希望落空了,但是《理想国》依然是西方世界第一个社会秩序理论体系。在此我们可以看到社会科学在希望克服无序的哲学家的创造性想象中的起源。克服无序的愿望一直是伟大体系的推动力;是圣奥古斯丁和圣托马斯的基督教体系和后来在民族国家领域产生的体系的推动力,直至想象的创造力本身随着扬姆巴蒂斯塔·维科(Giambattista Vico)成为主题,到了今天,在有关社会与政治神话理论的庞大科学体系中依然如此。

相比前辈,凯恩斯先生位于何处?读者在这个问题上会大吃一惊,因为第35页上写着:在公元1932年《政治科学季刊》(*Political Science Quarterly*)上的一篇论文中,"这一路径首次发展出来"。②

---

② 注意,注意!尽管如此,这里不应该诋毁那篇文章,它非常精彩。

这不是作者的偶然言论,而是经过仔细斟酌。他认为:"今天社会思想的基础是霍尔巴赫(Horbach)的观点:人是自然的作品;他存在于自然中;他服从自然规律;他无法逃脱自然。三个世纪的失败应当教会我们朝新方向看问题"(第 52 页)。在"新方向"上,我们发现秩序从无序中锻造出来(第 53 页)。基督教不是唯一消失的经验领域;希腊也成了明日黄花,自维科以来的创造神话中的秩序起源理论被撇到一边。任何与作者分道扬镳并"朝新方向"看问题的读者都不会受到责备。不过,现象过于宏大而迷人,以致无法被这种行为触及。总有一些人的头脑具有奇异的天赋,最著名的例子我们可以称为笛卡尔(Descartes)的头脑。世界必须被清理干净,唯有平板(tabula)上空无一物(rasa)时他们才会重新理论思考。皇皇巨著《纯粹理性批判》(Critiqne of Pure Reason)开其端,兀自独白,从哲学家的头脑中纺出一条思想线索,而不顾先前发生的事情。这种风格在哲学上有其功绩,尤其是在 17 世纪和 18 世纪,当时思维的**自我**作为中世纪文明废墟的残留出现,而历史的新维度尚未完全获得。但是,凯恩斯既不是笛卡尔式人物,也不是康德式人物,而是一位"法律科学"理论家,着眼于受控制的社会秩序,我们也不再生活在 18 世纪。白板(tabula rasa)态度依然存在,但它不能为思想着的存在(res cogitans)的思辨活动扫清道路,而是让我们直接面对未知的将来,正如我们看到的,凯恩斯先生并未以自己的现在取代过去,而是把他的科学理念投射到遥远的将来。

这种新态度自 19 世纪中叶以来就在形成,思索一下墨索里尼(Mussolini)对黑衫党成员(Blackshirts)演讲中的一句话,这一态度的涵义就会变得更清楚:"过去在我们身后,未来在我们面前,我们处于二者之间的现在。"有人可能认为这句话是雄辩的辞藻,但是他们错了。时间根本不是我们身后的过去和我们面前的未来,只有当我们深陷严重危机的痛苦中才是这样。通常,过去和将来都是现在,我们并不处于二者之间,而是在持续的历史之流中前进。过去作为文明遗产进入我们的现在,这些文明遗产塑造了我们,我们必须把它们作为塑造未来的前提吸收到我们的生活之中,这个未来不是在我们前方遥远的时间中,而就在我们日常生活和工作的现在之中。凯恩斯先生站在山顶,身前身后蔓延着虚无的荒漠;过去和未来都从他的现在缩回到"非存在"的坚硬岩石——"非存在"是他使用最频繁的术语。如果过去和未来已经渐渐消失,是否还剩下任何现在?除了创造性地吸收过去以把它转变为未来之外,人类的现在究竟是为了什么?

这个问题与凯恩斯先生的理论相关。因为,"在人类关系的秩序化过程中,正如在其他领域中一样,创造性想象是一个必要因素"(第60页)。我认为,这一原则是有效的,对它的详细阐述引起人们系统地展示我们拥有的丰富材料与解释,从柏拉图的秩序起源于灵魂的神秘力量的理论,到莫里斯·奥里乌(Maurice Hauriou)的作为政府制度之核心的指导思想(*idée directrice*),以及 W. Y. 艾略特(W. Y. Elliott)的个人神话与制度神话的理论(theory of personal and institutional myths),等等。但是,我再重复一次:这整个知识分支被砍掉;它并不存在。创造力的话题被"发明过程"(The Inventive Process)那一章代替。词汇的选择很有代表性:正确地指出了问题的**创造性想象**一词偶

110

尔被用到,主要讨论则在"发明"。"我们在社会中遵守的秩序是人的一项发明"(第53页)。发明,这一术语把问题从灵魂的创造力转向目的理性行为。"社会生活的产物,即方便地归在'文化'这一标签下的事物,都是发明"(第53页),这并非新理论。克里蒂亚斯与卡里克里斯早在希腊启蒙的巅峰时期就阐述过这一点,当时雅典的神话力量正在枯竭,城市行将终结。神话消失了,其问题分解为特定文化发明背后的发明过程心理学和动机心理学。在这种环境中,柏拉图艰苦卓绝地创造新神话的尝试必然失败。

凯恩斯先生走上同样的道路。他实际上用一节讨论了"幸福观念"的心理学,并且引用黑尔姆霍尔茨(Helmholtz),大意是,"在阳光明媚的日子,慢慢攀登树木繁茂的山林时"(第58页),他的想法最容易冒出来。有些人在酩酊大醉时产生最佳想法,有人甚至在非常规环境中进入最富成果的状态。这一领域非常迷人,但是我想知道这些故事是否非常有助于我们理解《独立宣言》——作为美利坚共和国的秩序的基本神话。凯恩斯先生本人并不相信这一神话,有关发明的那一章以这样一个必然的见解结束:它不会给我们带来任何好处(第68页)。一个重要的机会——至少是概述社会秩序在人的创造力中的起源问题的机会被浪费了。

4

凯恩斯先生的书存在大量问题,我们在这篇评论中未能触及。读者特别地被引向分析假设与证明、变化、活动、关系、因果性、平衡和"秩序之间的关系"。不过,这些都服务于首要目的:形成未来科学的"模型"。我们希望已经梳理清楚主要思潮与态度,现在可以开始归纳结论。

我们从该书"令人困惑的"方面开始讨论,包括其对一门并不存在的"关于社会秩序的科学"的殷切召唤,以及将实际存在的科学整体当作不存在而拒斥。随后,我们试图在作者的形而上学态度中追溯这些奇特之处的根源。我们有意在批判性讨论层面不涉及作者的取舍,面对作者把非存在的地位归于社会科学的周围世界(笔者也是其中一个地位极低的部分),显然这本来是不可能的。因而,批判性评论仅仅出现在这样的场合:作者超出自己有关非存在的断言,并在当前主题上做出了事实上错误的陈述,就像他就基督教哲学与知识和真理问题之关系所作的断言。至于其他,我们宁愿根据他的关联性体系来解释他的判断。他的决定关联性的形而上学态度可以概括如下:

基督教的灵性与人的历史独特性被消除。由于没有提出其他秩序神话当作无可置疑的封存遗产,人站在一片没有过去的虚无荒漠中;由于失去了创造核心,他自身中并不承载任何秩序,只能盲目地跌跌撞撞进入未来。他焦虑自身之无序,把他对秩序的渴望投向将来,希望困难的各个毫不相关的部分借助奇迹条理井然,向他呈现出他自己不能创造的秩序。需要秩序下的庇护所,而又无力创造它,这典型地体现为在自然科学的秩序中寻求庇护,而一旦灵性秩序遭破坏,我们文明中保存下来的秩序就只有自然科学的秩序。自然科学的方法借助某种黑魔法以一般规则的形式提供缺失的秩序,这些规则可以用于管理伦理计划——这一计划也会借助某种魔力从价值科学中产生,这些价值由永无休止而且毫无计划的**劳动分工**汇集在一起。一旦我们拥有那整个秩序，它有什么好处？无人知晓。这是一个缺乏意义的秩序，出自一个迷失之人的焦虑，且不惜代价。

人及其秩序的这幅图景令人恐惧。如果以其品格、才智和教育而言应当成为我们文明中连续性支柱的人，应当成为忠于过去的典范，以便牢牢把握他们用双手塑造的未来的人，无视过去，"进军未来"，我们还能从普通人那里期待什么呢？凯恩斯先生的书也许不是理想的科学论著，但它无疑是一份感人的个人文件，它是我们身处其中之无序的一个可怕症状。

索 引

（索引中页码为原书页码，即本书边码，带有 * 号条目为译者补充）

A

Action, 行动
　　science of, ～科学, 77
Agathon, 善
　　transcendent being, 超越性存在, 77
　　methexis in, 分有～, 79
　　Plato's inability to define, 柏拉图无法定义～, 79
Aidos, 羞耻心, 79
Aletheia, 真理, 80
Alexander, 亚历山大, 85
Analysis, 分析
　　Voegelin's relentlessness in, 沃格林坚持不懈地～, xv
　　philosophical questions must arise from, 哲学问题必须源于～, 6
　　analytical legitimacy and truth distinguished, 区别～的合法性和真实性, 7-8
　　preanalytical experiences in relation to, 前分析的经验与～的关系
　　must precede definition, ～必须先于定义, 11
　　classification of phenomena not analysis, 现象的分类并非分析, 58
Analytical jurisprudence, 分析法理学
　　Voegelin's works on, 沃格林讨论～的著作, ix
　　John Austin, law as command of sovereign, 约翰·奥斯汀, 作为主权者命令的法律, 46, 56
　　Cairn's denial his theory same as Austin's, 凯恩斯否认他的理论和奥斯汀的～一样, 96

Analytical legitimacy, 分析的合法性, 7-8

Anthropological civilization, 人类学文明, 76, 77

Aquinas, Thomas, 托马斯·阿奎那

  social crisis prompting reflections on law, 社会危机引发关于法的思考, xix, 108

  rationality of system, 体系的合理性, 78

  duplex veritas in *Contra Gentiles*, 《反异教大全》中的两种真理, 105

Aristocracy, 贵族政体, 60

Aristotle, 亚里士多德

  no philosophy of law, 没有法哲学, 6

  law calculated to achieve good order, 设计法律实现良好秩序, 26

  identity of polis after constitutional change, 政体变化之后城邦的同一性, 33

  status of citizens in polis, 公民在城邦中的地位, 34

  polis defined, 城邦的定义, 41

  differing analyses of polis, 对城邦的不同分析, 41

  bios theoretikos, 沉思生活, 41, 57

  forms of government, 政府形式, 42, 60

  spoudaios as measure of order, 作为秩序衡量尺度的成年人, 63

  ethics as science of order in soul, 作为灵魂中秩序的伦理学, 80

  natural justice, 自然正义, 81

  recommendations for action, 行动建议, 82

Articles of confederation, 《联邦条例》, 36

Augustine, 奥古斯丁, 71, 85, 108

Aurelius, Marcus, 马库斯·奥勒留, 71

Austin, John, 约翰·奥斯汀, 46, 56

Authority, 权威

  nornative sources, 规范性来源, 68

  fusion of normative authority and power, 规范性权威与权力的融合, 68

Axis time of mankind, 人类轴心时代, 76

B

*Babin, James Lee, 詹姆斯·李·巴宾, ix

Beatific vision, 荣福直观, 78

Bergson, Henri, 亨利·柏格森, 76

Bios theoretikos, 沉思生活

  criterion for civil order, 社会秩序

的标准,41,57

relation to happiness,～与幸福的关系,74

relation to mature man,～与成年人的关系,74,81,82

relation to full unfolding of personality,～与人格完全展开的关系,74,81,82

Bodenheimer,Edgar,埃德加·博登海默,ix,91-94

Bodin,Jean,让·博丹

  authority of sovereign,君主的权威,27

  substance of order according to,～论秩序实体,27

  sources of norms for law,法律中规范的来源,27,31

C

Cairns,Huntington,亨廷顿·凯恩斯

  reply to Voegelin's criticism,～对沃格林批评的回应,xxiv

  his *Theory of Legal Science* reviewed,评论他的《法律科学理论》,95-112

  alleges a legal science does not yet exist,～宣称法律科学尚不存在,95

  critique of Austinian and sociological jurisprudence,～批评奥斯汀和社会法理学,96

  his exaggeration of field of legal science,他扩大了法律科学领域,97

  orientation toward modern state,针对现代国家,97

  elements of his proposed legal science,他提出的法律科学的要素,97

  his assimilation of legal science to natural science,他把法律科学比作自然科学,100

  failure to recognize philosophical anthropology,～没有意识到哲学人类学,101

  his idea of man,他关于人的概念,104,105,108,111

  use of Gibbon,利用吉本,105

  envisions ethics as a natural science,～把伦理学设想为一门自然科学,106

  unconcern with legal technology,～对法律技术学漠不关心,106

  his principle of division of labor criticized,他的劳动分工原则受到批判,106,107

  his will to overcome disorder,他克服无序的愿望,108

  his unconcern with past learning,他对过去的知识漠不关心,

109

  as symptom of current disorder, 当前的无序状况的症状, 112

Calculus of error, 错误的积累, 60

Cartesian philosophy, 笛卡尔哲学, 109

Censorship, 审查制度, 75-76

* Centralization and decentralization, 集权与分权, 20, 72

Christian and classical bases for legal and political theory, 法律与政治理论的基督教基础与古典基础, xxi-xxii

Christian civilization's division of authority, 基督教文明对权威的划分, 78

Christianity, 基督教

  spiritual singularity of man, 人的属灵独特性, 104

  spirituality annihilated by Cairns, 凯恩斯消除了人的灵性, 111

Church and Empire, 教会与帝国, 27

Church-states, 教会-国家

  immanentist, 内在论的～, 76-77

Codex Justinianus, 《查士丁尼法典》, 85

Communication, 交流/传播

  conditions and principles, 条件与原则, 74-76

* Compact (compactness), 笼统, 25, 68, 69, 78, 79, 83

Comparisons of legal orders, 法律秩序的比较, 11

Complex of order, 秩序综合体, 29-38

  tension between existential order and lawmaking process, 生存秩序与立法过程之间的张力

  tension between social order and true substantive order, 社会秩序与真实秩序之间的张力, 30

Confucius, 孔子, 81

Constitution, 宪法

  U.S., 美国～, 37

Constitutional law, 宪法

  source of procedural rules for lawmaking, 立法中程序规则的渊源, 30

  no higher positive rules on lawmaking, 没有关于立法的更高的实证法, 31

  validity based on extralegal sources, 以法外渊源为基础的效力, 31

  posited hypothetical higher norm, 假设的更高规范, 31

  relation to power structure in society, ～与社会中的权力结构的关系, 32

  adaptation to changing conditions, 适应不断变化的条件, 32

octroi constitutions,钦定宪法,35

limits of amendment,～对修正案的限制,36

change in America,1776-1789,美国1776-1789年的变化,37

Constitutions,(各种)宪法

role of,～的作用,20

* Constitution,政体,33-35

另见 Politeia(政体)

Consubstantiality,共实体性,xx,79

Contemplative life,沉思生活,41,57,74

as highest good,～作为至善,74

Contemporary legal theory,当代法律理论

confusion in,～中的混乱状况,8

Contract theory of society,社会契约理论,82-83

distinguished from social instinct theory,～不同于社会本能理论,83

Contra Gentiles,Summa,《反异教大全》,105

* Corrington,John William,约翰·威廉·科林顿,ix,x

Cosmological civilizations,宇宙论文明,76,77,81

Creative imagination,创造性想象,110

Creed,信条

official American,美国的官方～,57

Crisis of order,秩序危机

occasions for inquiry,～作为研究机会,81

Criteria of rationality,合理性标准,78

Critias,克里蒂亚斯,110

Culture,文化

modern,现代～,68

relation to civilization types,～与文明类型的关系,77

Customs and moral rules,习俗和道德规则,58

D

Dante,但丁,71

Decalogue,十诫,80

Decretum Gratianum,《葛氏律》,85

Definitions,定义

must follow analysis,～必须紧随分析,11

Democracy,民主政体,42,60

De lege ferenda,正在制定的法律,15,50

Descartes,René,勒内·笛卡尔,109

Dianoetic virtues,理智美德,74

Dike,正义,76

Divertissements,消遣

of Pascal,帕斯卡尔的～,77

Divine law,神法,27,31,56

　　也参见 *Lex divina*, *Ius divinum*（神法）

E

Elliott, W. Y., W. Y. 艾略特

* Entity,实体,12

Episteme politike,政治科学,6,28,41,52,60

Equality of persons,人的平等,77

Eros,爱,76

Eroticism of soul,灵魂的情欲,79

Essence of law,法律的本质/实质

　　presupposes ontological status,～预设本体论地位,6

　　not discoverable by comparison of legal orders,不能通过比较法律秩序发现～,11

Ethical virtues,伦理美德,74

Ethics,伦理学/伦理

　　science of order in soul,关于灵魂中的秩序的科学,80

　　as component of legal order,～作为法律秩序的构成要素,88

Ethics,《伦理学》

　　Aristotle's,亚里士多德的～,54

Eudaimonia,幸福,74

* Experience,经验

　　noetic,理智～,xiv

　　pneumatic,灵性～,xiv

Experiences of transcendence,超越性经验,76,77,79

F

Facism,法西斯主义,72

Faith,信仰

　　in Heraclitus,赫拉克利特的～,76

　　Christian definition in Hebrews,《希伯来书》中基督教的定义,79

Force,强制力

　　to secure obedience to laws,～确保服从法律,61-64

　　purposes of punishment,惩罚的目的,64

Fichte, Johann,约翰·费希特,71

Free speech,言论自由,75-76

Frankfort, Henri,亨利·法兰克福,79

G

* Game,游戏,46,47

　　另见 Play（游戏）

German National Socialist revolution,德国国家社会主义革命,36

Gibbon, Edward,爱德华·吉本,105

* Gnosis,灵知,72

Gnostic creed movements,诺斯替主义运动,68

God,上帝,77

Goods, 善
  ranking of, ～的等级, 74
Government, 政府
  forms of evaluated, 对～形式的评价, 42, 60
Grace, 恩典, 78
Great Britain, 英国, 51
Grotius, Hugo, 胡果·格劳秀斯, 85

H

Happiness, 幸福, 57, 74
Hauriou, Maurice, 莫里斯·奥里乌, 110
Hegel, G. W. F., G. W. F. 黑格尔
Hellas, 希腊, 108
Helmholtz, Herman von, 赫尔曼·冯·黑尔姆霍尔茨
Heraclitus, 赫拉克利特, 71, 76, 77, 82
Hesiod, 赫西俄德, 71
Hierarchy of legal rules, 法律规则的等级体系, 21
Highest goods, 至善
  prerequisite to rational science of action, 理性的行动科学的先决条件, 73
  Aristotle's conception of, 亚里士多德的～观念, 73, 74
Hippias, 希庇阿斯, 11
Historic era, 历史时期, 85

History of law, 法律史
  as parts of history of society, ～作为社会史的部分, 68
Hobbes, Thomas, 托马斯·霍布斯, 27
Holbach, P. H. Thiry, P. H. 西里·霍尔巴赫, 108
Homo Ludens, 《游戏的人》, 46
Homonoia, 和谐, 77, 82
Hooker, Richard, 理查德·胡克, 85
Hope, 希望, 76
Huizinga, Johan, 约翰·赫伊津哈, 46
Human nature, 人的本质
  impersonal character of, ～的非个人特征, 64
  constancy by definition, ～根据定义恒久不变, 78
Hypothetical basic norm, 假设的基础规范, 28, 31

I

Idée directrice, 指导思想, 110
Identity, 同一性
  of legal order after change in laws, 法律变化后法律秩序的～, 29-33
  of state after constitutional change, 政体变化后的国家的～, 33-35

Ideology, 意识形态, xiv

*Idiographic science, 探求殊情的科学, 89

　　另见 Nomographic science(探求通则的科学)

Immanentist church-states, 内在论的教会-国家, 72

In-Between, 间际, xiv

Isidore of Svilla, 塞维利亚的伊西多尔, 85

Israel, 以色列, xix, 68, 71

Israelite prophets, 以色列先知, xix, 85

Ius, 法

　　as right order, ~作为正当秩序, 24

　　sociale et historia, 社会~与历史~, 56

　　divinum et naturale, 神~和自然~, 56, 66

　　positivum, 实证~, 66

J

Jaspers, Karl, 卡尔·雅斯贝尔斯, 76

John of Salisbury, 索尔兹伯里的约翰, 85

Judicial decisions, 法院判决

　　role of, ~的作用, 20

Jurisprudence, 法理学

　　analytical, 分析~, ix, 46, 56,
87, 91, 96

　　neglect of central problem, 忽视核心问题, 68

　　origins, 起源, 70

　　delimitation of field, 界定研究领域, 70

　　contemporary trends, 当代思潮, 72

　　rational science of action required, 所需的理性的行动科学, 73

　　principles, 原则, 77-80

　　development from substantive axioms impossible, ~不可能从实体公理形成, 79

　　study by reenacting classical experiences, 通过重建古典经验来研究~, 80

Jurisprudence course, 法理学课程

　　editor's summary, 编者概述, xviii-xxi

　　outline of, ~大纲, 70-72

　　supplementary notes to, ~补充说明, 73-83

Jus, 法律(法), 见 *Ius*(法)

Justinian jurisprudence, 查士丁尼法理学, xix, 70, 71

Just order, 正义秩序

　　substantive definition impossible, 实体定义之不可能, 79

　　progress in understanding, 理解上的进步, 80

索引 173

formulations largely negative,主要是否定的表达,80

K

Kallikles,卡里克里斯,110

Kant,Emanuel,伊曼努尔·康德
　　Christian progressivist ideas of perfection,基督教关于进步主义的圆满观念,79
　　Critique of Pure Reason,《纯粹理性批判》,109

Kelsen,Hans,汉斯·凯尔森
　　Voegelin's critique of his theories of law and state,沃格林对~的法律和国家理论的批判,xxi
　　normative jurisprudence,规范法理学,28
　　hypothetical posited supreme norm,假设的最高规范,31

Knowledge,知识
　　growth of,~的增长,78

Koinon,公共之物,82

L

Law,法律
　　ontological existence,本体论上的存在,xix,6,29,30,64
　　plurality of legal orders,诸多法律秩序,7
　　as substance of order,~作为秩序实体,24
　　sociology of,~社会学,28
　　as structure of society,~作为社会结构,29
　　equivocal use of term,含糊使用术语,29f
　　promulgation,颁布,47-48
　　substantive norm of,~的实体规范,55
　　as command,~作为命令,56
　　social customs and moral rules,社会习俗和道德规范,58
　　purpose of,~的目的,68
　　history of,~的历史,68

Lawmaking process,立法过程
　　emphasis in history,在历史中的强调,26-29
　　made autonomous with secularism,~随着世俗主义成为自主的,27
　　equated to law by Kelsen,凯尔森将~等同为法律,28
　　ontological and philosophical,本体论的~与哲学上的~,53-55

Lawyers,法律人/律师/法学家
　　as instruments of promulgation,~作为颁布工具,47-48

Legal cultures,法律文化
　　types,类型,68,77
　　successionin West,西方~的传承,71

correspondence to civilizational types,～与文明类型对应,77

their primary source of order,其原初的秩序根据,79

experiencing transcendent reality,对超越性实在的经验,79

Lagal justice,法律正义,81

Legal orders,法律秩序

plurality of,诸多～,7

as aggregates of rules,～作为规则集,8,15

all laws essential in their orders,所有法律在其秩序中都是本质的,9

validity of legal rules essential,法律规则的效力是本质的,9

as single specimen of a species,～作为某个种的单个样本,10

identity in spite of substantive changes,尽管实体变化,但仍保持同一性,12-20

organic (biological) analogy inappropriate,不恰当的有机(生物学)类比,14

as series of rule aggregates,～作为规则集系列,14ff

Zenonic problem of validity,效力的芝诺问题,16-20

social context,社会背景,20-29

as realms of meaning,～作为意义领域,21

lawmaking process as part,立法过程作为一部分,22

lawful and unlawful acts,合法行为和非法行为,23

ordering substance of,～的秩序化实体,24,44

relation between ordering principle and truth,秩序化原则与真理的关系,24

inherent in society,社会固有的～,25

deficiency of if-then formulations,"如果-那么"这一表述方式的不足,25,26

tension between existential order and lawmaking process,生存秩序与立法过程之间的张力,30

tension between existential order and truth,生存秩序与真理之间的张力

validity dependent on power structure,依赖权力结构的效力,31,86

identity after change in constitution,政体变革后的同一性,32-38

part of social complex,社会综合体的部分,37

legal and political authority affecting validity,影响～的效力的法律与政治权威,37

lastinggness,持续性,39f

ethics as component,伦理学作为构成要素,88

  influence of religion,宗教的影响,103

Legal philosophy,法哲学

  contemporary trends,当代思潮,72

Legal rules,法律规则

  validity of each rule essential,每条规则的效力都是本质的,9,11

  hierarchy,等级体系,21

  public character,公共特征,44ff

  tension between true rule and empirical rule,真正规则和经验规则之间的张力,54

  impersonal validity,非个人的效力,55-64

  persons capable of issuing,能够颁布法律规则的位格,56

  source of their normative authority,～之规范性权威的来源,56

  issued by representative of society,～由社会代表颁布,59

  calculus of error in substance,实体中的错误积累,59-61

  noncognitive character,非认识性特征,65

Legal science,法律科学

  James Brown Scott,詹姆斯·布朗·斯科特,84-96

  selective use of relevant materials not scientific,选择性使用相关材料不科学,85

  role of power,权力的作用,81,88

  Max Weber's work,马克斯·韦伯的著作,89,90

  Bodenheimer's *Jurisprudence* reviewed,评论博登海默的《法理学》,91-94

  Timasheff's *Sociology of Law* reviewed,评论蒂玛舍夫的《法律社会学》,87-91

  many disciplines involved,涉及的诸多学科,94

  construction through formulation of central problem,通过阐述核心问题建构,96

  general rules required,所需的一般规则,97

  construction on ideal types,基于理想类型的理论建构,98

  natural-science model inadequate,自然科学模式的不足,99

  ontology determines model and method,本体论决定模式和方法,99

  complexity,复杂性,100

  dependency on concept of human nature,～依赖人的本质概念,

103

Cairn's unconcern with technology of law, 凯恩斯对法律技术学漠不关心, 106

Legal theory, 法律理论

Christian and classical bases essential, 基督教基础和古典基础至关重要, xxii, 104

Scott's *Law, the State, and the International Community* reviewed, 评论斯科特的《法律、国家和国际社会》, 84-86

Bodenheimer's *Jurisprudence* reviewed, 评论博登海默的《法理学》

Cairns's *The Theory of Legal Science* reviewed, 评论凯恩斯的《法律科学理论》, 95-112

Lex aeterna, 永恒法, 81

Lex divina, 神法, 81

也参见 *Ius divinum*(神法)

Locke, John, 约翰·洛克, 72

Logos, 逻各斯

man's, 人的～, 52

divine, 神圣的～, 77

Love, 爱, 76

M

Maat, 规范(埃及语), 24-25, 44

Macedonian conquest, 马其顿的征服, 52

Machiavelli, 马基雅维利, 82, 85,

103

Man(humanity), 人(人类)

social character of human existence, 人类生存的社会性, 49

one capable of issuing rules, 可以颁布规则者, 56

constancy of nature, 本质恒久不变, 78

self-understanding, 自我理解, 78

contemplative life as fulfillment, 作为圆满实现的沉思生活, 82

human history not a straight line, 人类历史不是一条直线, 85

idea of man a creation of the human spirit, 关于人的观念是人类灵性的创造, 104

spiritual singularity, 属灵独特性, 104

Cairns's idea of, 凯恩斯对～的观念, 104, 105, 107, 108, 111

mechanistic interpretation, 机械论的解释, 107

Mankind, 人类

notion not associated with world goverment, ～概念和世界政府无关, 77

Marx, Karl, 卡尔·马克思, 72

Marxist-Leninist communism, 马克思列宁主义的共产主义

Voegelin's reaction to, 沃格林对

～的反应

funsion of normative and power authorities,规范性权威与权力权威的融合,68

Mathematical symbols,数学符号,99

Mature man,成年人,62-63,74,80,81

Medieval philosophy,中世纪哲学

struggle with soul as "form" of man,与作为人的"形式"的灵魂斗争

Mesopotamian city-state,美索不达米亚城邦,42,102

Metaxy,间际,见 in-between(间际)

Methexis,分有,79

Monarchy,君主制,60

Moral rules and customs,道德规范和风俗习惯,58

Moses,摩西,80

Mussolini,Benito,贝尼托·墨索里尼,109

N

National Socialism,国家社会主义

Voegelin's reaction to,沃格林对～的反应,xiv

fusion of normative and power authorities,规范性权威与权力权威的融合,68

Natural law,自然法

Bodin's use as source of law,博丹将～作为法律的渊源,31

definition,kinds,limitations,定义、种类和局限,80-82

origin in social crisis,～在社会危机中的起源,81

contract theory as,作为～的契约理论,82-83

Natural science,自然科学

differs from social science,不同于社会科学,104

Nature of the Law,*The*,《法的本质》

editors' summary,编者概述,xv-xxi

Nihilism,虚无主义

spiritual,灵性～

Nomos,规范,24,44

*Nomographic science,探求通则的科学,89,90

另见 Idiographic science(探求殊情的科学)

Norm,规范,见 rule(规范)

*Nomographic epistemology,探求通则的认识论,90

Normative jurisprudence,规范法理学,28

Norms,规范

hypothetical,假设的～,31

Nous,努斯,76,77,82

O

Ought, 应当
  ontological basis, 本体论基础, 42-45
  arising from tension between true and existential orders, ～从真正秩序与生存秩序的张力中产生, 43
  experience by all humans, 所有人体验到～, 43, 44

Obligation, 责任
  ontological character of, ～的本体论特征, 42-45

Opening of the soul, 灵魂的开放, 76, 77

Order, primary experience, 秩序, 原初的经验, 见 Primary experiences of order (原初的秩序经验)

P

Paradoxa (Zenonic), 悖论（芝诺式）
  in law envisioned as aggregate of rules, 被设想为规则集的法律中的～, 16-20
  in Aristotle's analysis of polis, 亚里士多德对城邦的分析中的～, 33-35

Parsons, Talcott, 塔尔科特·帕森斯, 98

Participation, 参与
  as mode of cognition, 作为认知模式, 79

Pascal, Blaise, 布莱士·帕斯卡尔, 77

*Pascal, Robert Anthony, 罗伯特·安东尼·帕斯卡尔, ix, xxiv

Paul, Saint, 圣保罗, xx

Peisistratus, 庇西特拉图, 42

Philosophical anthropology, 哲学人类学
  happiness indicated by, ～指出的真正幸福, 74
  Cairns's failure to recognize, 凯恩斯未能发现～, 101
  weighing elements of human nature, 人的本质中的重要因素, 103

Philosophical constructions of law, 哲学的法律理论建构
  calculation to achieve true order, 构想出来以实现真正秩序, 26
  law divorced from substantive order, 从实体秩序中分离出来的法律, 27-29

Philosophical inquiry, 哲学探究
  relation to analysis, ～与分析的关系, 6

Philosophies of law, 法哲学
  rationality of different kinds, 不同类型的合理性, 78

Philosophy, 哲学
  medieval struggle with soul as

"form"of man,在中世纪与作为"人"的形式的心灵的斗争,35

differentiation from myth,从神话区分开来,68

results from opening of soul,灵魂开放的结果,76

original meaning,本义,76

Philosophy of law,法哲学

high rationality of Christian,基督教~的高合理性,78

low rationality of positivist,实证主义~的低合理性,78

Plato,柏拉图

no philosophy of law,没有法哲学,6

law calculated to achieve true order,设计法律实现真正秩序,26

forms of government evaluated,评价过的政体,60

cognition of transcendence,对超越性的认知,79

*Play,游戏,46

另见 Game(游戏)

Polis,城邦

defined,定义的~,6

"form"and "nature"in *Politics* III and I,《政治学》第三卷和第一卷中的"形式"与"本质",35

sequences of power structure in,~中的权力结构序列,42

Politeia,政体,33 - 35

Polity,共和政体,60

Positive law theory,实证法理论

varieties of,~的不同类型,72

Positivist legal philosophy,实证主义法哲学,78

Power,权力

conferring validity to law,为法律赋予效力,31

condition for true order,真正秩序的条件,68,86

Primary experiences of order,原初的秩序经验

listed,罗列出的~,71

return to,回归~,72

Prince,君主

as lawmaker,~作为立法者,27

Projects for law,法律的规划,48 - 55

kinds,种类,49

Plato's and Aristotle's,柏拉图的~和亚里士多德的~,51 - 55

utility of philosophical models,哲学典范的效用,54,55

Promulgation of laws,法律的颁布,47 - 48

Protagoras,《普罗塔戈拉篇》,11

Pseudos,虚假,80

Psyche,心灵

participation in transcendence,参与超越性/与超越性有分,

xix,71,76,77

sensorium of transcendence,超越性的通道,76

Punishment,惩罚,64

"Pure Theory of Law","纯粹法学",28

R

Ratio aeterna,永恒理性,79

Rationality,合理性

　objective criteria of,～的客观标准,78

Rational science of action,理性的行动科学

　defined,定义的～,73

Reason,理性

　as condition for true order,～作为真正秩序的条件,68

* Relevance,关联性,89,90,92,101-105,111

Representation of society,社会的代表,58-59

Representatives in government,政府中的代表

　issuers of rules to society,向社会颁布规则者,59

　source of their authority,他们的权威来源,59

Republic,《理想国》,53,71,82,108

Revelation,启示

　condition for true order,真正秩序的条件,68

　differentiation from myth,从神话区分开来,68

Revolutions,革命

　and law,～与法律,35-38

Rickert,Heinrich,亨里希·李凯尔特,89

Roman empire,罗马帝国

　law in,～的法律,68

Rousseau,Jean Jacques,让-雅克·卢梭,57

Rule and norm,规则与规范

　rule as description of pattern,作为对模式的描述的规则,39

　rules dependent on lastingness of social patterns,规则依赖社会模式的持续性,39-40

　rule as description of "ought",作为对"应当"的描述的规则,44

　rule as norm,作为规范的规则,44-45

　rule intends a truth,规则意指某项真理,44,45

　rule to be heard and obeyed,要被听从和遵守的规则,45

　communication or promulgation of rule,规则的传播或颁布,45-47

　public character of legal rule,法律规则的公共特征,45-48

impersonal validity of legal rule, 法律规则的非个人效力, 55 - 64

S

*Saale, Sandra, 桑德拉·撒勒, xi

Sandoz, Ellis, 埃利斯·桑多兹

 The Voegelinian Revolution,《沃格林革命》, xiv n3, xxi n4

Science of action, 行动科学, 73

Science of law, 法律科学

 requirements for constructing, 建构～的条件, 87 - 112

Scholastic philosophy, 经院哲学, 35

Scott, James Brown, 詹姆斯·布朗科·斯科特, ix, 84 - 86

Secular national state, 世俗的民族国家, 71

Self-understanding, 自我理解, 78

Slaves by nature, 天生的奴隶, 63

Social crises, 社会危机

 and reflection on law, ～与对法律的思索, 71

"Social instinct" theory, "社会本能"理论, 83

Social order, 社会秩序

 legal order part of, ～中的法律秩序部分, 30

 weight of relation on social side, 关系在社会方面的重要性, 30

 tension between empirical and substantive orders, 经验秩序与实体秩序之间的张力, 30

 tension between social order and lawmaking process, 社会秩序与立法过程之间的张力, 30

 lastingness of structure, 结构的持续性, 41

 true order unattainable, 真正秩序达不到, 61

 true difficult to ascertain, 真理难以确定, 62

 hampered by human nature and ignorance, 受到人的本质和无知的妨碍, 62 - 64

 normative sources, 规范性来源, 67

 culture and environment affect true order, 文化和环境影响真正秩序, 67, 68

 various principles of organization, 不同的组织原则, 68

 power, reason, and revelation as normative source, 作为规范性来源的权力、理性和启示, 68

 historical types, 历史类型, 68

 primary experience of, 原初的～经验, 71, 72

 source in transcendent being, 在超越性存在中的来源, 77

 coordination of means to highest good, 手段适合至善, 78

religion influencing, 宗教的影响, 103

invention of man, 人的发明, 110

Social science, 社会科学

 natural-science model inadequate, 自然科学模型不足够, 99

 differs from physical science, ～不同于物理学, 99f

 ontology determines model and method, 本体论决定了模式和方法, 99f

 illegitimate propositions in, ～中的不合法命题, 102

 dependency on concept of human nature, 依赖人的本质概念

Society, 社会

 structure, 结构, 41

 self-organizing entity, 自组织实体, 55

 reason for being, 存在的理由, 57

 issues rules to itself, 向自身颁布规则, 57

 creation through acceptance of representative, 通过认可代表而产生, 59

 representative of society issues rules or laws, 社会代表颁布规则或法律, 59

 as order of human existence, ～作为人的生存的秩序, 66

 concreteness, 具体性, 68

 as microcosmos, ～作为微观宇宙, 77

 as macroanthropos, ～作为放大的人, 77

 as participant in transcendence, ～作为超越性的参与者, 77

 contract theory, 契约理论, 82

 "social instinct" theory, "社会本能"理论, 83

Sociological jurisprudence, 社会法理学, 28, 29

Sociology, 社会学

 as nomographic or idiographic science, ～作为探求通则的科学或探求殊情的科学, 89

Sociology of law, 法律社会学, 28, 29, 89

 Timasheff's *Sociology of Law* reviewed, 评论蒂玛舍夫的《法律社会学》, 87-91

 Max Weber and, 马克斯·韦伯与～, 89, 90

Socrates, 苏格拉底, 71, 108

Solon, 梭伦, 79

Soteriological civilizations, 救赎论文明, 76, 77

Soul, 灵魂

 sensorium of transcendence, ～超越性的通道, 76

 opening to transcendence, ～向超越性开放, 76, 77

sensitiveness to injustice,～对非正义的敏锐,79

attunement to transcendence,～与超越性协调,80

Spiritual and temporal order,灵性秩序与世俗秩序

  immanentist reunion of,～的内在论再结合,72

  differentiation,分殊/区分,78

Spiritual singularity of man,人的属灵独特性,104

State,国家

  identified with law by Kelsen,凯尔森把～与法律密切联系在一起,28

  change of identity after constitutional change,政体变化后的同一性的变化,31-38

  not subject to "form-substance" analysis,不受"形式-实体"模式分析的影响,33-35

Stoics,斯多葛学派,11,77

*Substance,实体,11

Suarez,Francisco,弗朗西斯科·苏亚雷斯,85

Symbolization,符号化

  of experience,经验的～,44,78

  "Symbolization of Order",《秩序的符号化》,xxi

T

Tao,道,24,44,81

Temporal and spiritual orders,世俗秩序与灵性秩序,78

Thanatos,死亡,76

Theory,理论

  preanalytical observations,前分析的观察,37

  requirements for constructing,建构理论需要的条件,87-112（随处可见）

*Thing,物质,94

Timasheff,N. S.,N. S.蒂玛谢夫,ix,87-91

Toynbee,Arnold,阿诺德·汤因比,42

Transcendence,超越性

  types of experience of,～经验的类型,76

  cognition of experience of,对～经验的认知,79

Transcendent reality,超越性实在

  names assigned,归于～的名称,77

  participation in,参与～/与～有分,77

  universal experience of,对～的普遍经验,79

  sensitive responses to rare,对～的敏锐回应很稀有,79

Tyranny,僭主政体,33,60

U

United States Constitution,《美国宪

法》,37

V

Vico, Giambattista, 扬姆巴蒂斯塔·维科, 108

Virtues, 美德, 74

Vitoria, Francisco de, 弗朗西斯科·德·维多利亚, 72, 85

Voegelin, Eric, 埃里克·沃格林

 reaction to German national socialism, facism, and Marxist-Leninist communism, ～对德国国家社会主义、法西斯主义和马克思列宁主义的共产主义的回应, xiv

 natures of philosophy and revelation, 哲学和启示的本质, xiv

 Walgreen lectures, 沃尔格林讲座, xiv

 intellectual journey, 思想历程, xiv

 rejection of Kelsen's notions of "state" and "pure law", ～摒弃凯尔森的"国家"和"纯粹法"观念的排斥, xiv, 28

 methodology, 方法论, xv

 editors' summary of *The Nature of the Law*, 《法的本质》的编者概述, xv–xviii

 editors' summary of jurisprudence courseoutline and notes, 《法理学课程大纲》和《补充说明》的编者概述, xviii–xxi

 interest in analytical jurisprudence, ～对分析法理学的兴趣, xxi

 nerver a logical positivist, ～从来都不是逻辑实证主义者, xxi

 editors's accounts of book reviews by, 编者对～书评的说明, xxii–xxiv

Anamnesis, 《回忆》, xxi n4

"Anglo-American Analytic Jurisprudence", "英美分析法理学", x

Autobiographical Reflections, 《自传性反思》, xiv n2, xxi n4, xxii n5, n6

Der Autoriaere Staat, 《威权国家》, xxi n4

The Collected Works of Eric Voegelin, 《沃格林全集》, x

Israel and Revelation, 《以色列与启示》, xiii n1

"Kelsen's Pure Theory of Law", 《凯尔森的纯粹法理论》, x, xxi n4

The New Science of Politics, 《政治的新科学》, xiii, xiii n1

On the Form of the American Mind, 《美国精神的形式》, x

Order and History, 《秩序与历史》, xiii, xiii n1

Plato and Aristotle,《柏拉图和亚里士多德》,xiii n1

Reine Richtslehre und Staatslehre,《纯粹法学与国家学》,xiv n2,xxii n5

"The Symbolization of Order",《秩序的符号化》,xxi

Ueber die form des amerikanischen Geistes,《美国精神的形式》,x,xxi,xxi n4

The World of the Polis,《城邦的世界》,xiii n1

W

Weber,Max,马克斯·韦伯
sociology of law,法律社会学,89,90
construction of legal science on ideal type,基于理想类型的法律科学建构,98
Wirtschaft und Gesellschaft,《经济与社会》,98
Protestant Ethic and the Spirit of Capitalism,《新教伦理与资本主义精神》,98
Weimar Constitution,《魏玛宪法》,36
Windelband,Wilhelm,威廉·文德尔班,89

Z

Zenonic problem,芝诺问题
legal order as a succession of aggregates,法律秩序作为规则集序列,16-20
society as a flow of human beings in time,作为时间中的人类洪流的社会,34
Zeno,芝诺,71

译后记

几番延宕,本书终于译毕,抚今追昔,心绪难已。

本书原名 The Nature of the Law and related legal writings,可直译为《法的本质及其相关法学作品》,徐志跃先生根据其主题和内容建议译为《法的本质》,我完全接受;后来编辑出于对图书结构的考虑,以及对沃格林的尊重,还是改回原名。

多年前志跃建议我翻译本书,他来校对;当时我尚在复旦读书。他那些年在中文学术界劳心引介沃格林,视为志业。大约因为认可我的做事态度和教育背景,他选择我合作。我原来根本不认识沃格林,但后来因他才得闻广阔世界。志跃先生于我乃是良师,更为益友,交往虽只数年,却是我今生敬重的知交!我彼时想尽享读书闲暇,他宽厚通达,许我毕业再译。

初译完毕后,我发给志跃校对。不幸,他溘然而往,我也只能一次次回忆与他论学的美好光景,时常心伤,本书亦暂时搁置。世事难料,但我更为拖延愧疚,空留遗憾,文字怎堪形容!

刘曙辉博士后来应徐夫人邱红女士邀请校订了译稿。刘博士异常负责,超乎想象,句句细校,勘误不少,增色良多。我反复考虑了刘博士意见,虽未全盘接受,拳拳感激,更兼敬佩!这工作当下几无"收益"——在学术考核体系中地位尴尬,经济报酬微不足道,还难免和译者一起承受批评!然而,倘若学界再多几个这样的人,译事必兴。

徐夫人复请孙嘉琪先生审校,她亦提出专业编辑意见,我综合所有意见定稿。感谢二位劳神!

本书付梓之后,终于可以完成志跃的一桩未竟心愿,也稍微缓解我的遗憾,相信他在天国也必定欣慰!

这是我的第一本译著,于我亦有纪念意义。我曾翻译过若干文章,包括志跃交托的《沃格林全集》第六卷《回忆》中的几篇,翻译全书却是首次。这是开端,更与志跃相连,自当铭诸肺腑。

沃格林为学,博大精深,更自出机杼,我翻译时颇为艰难,幸有师友请教:迈克尔·巴伯(Michael Barber)教授、魏明德(Benoît Vermander)教授、许宏教授、马成慧博士、谢燕博士、李晋博士、谢华博士、李国兴博士、方耀博士、张湛博士、李腾博士,从字词、文法到义理与背景,多方解惑。感谢诸位援手!

我的老师张周志教授一直关心此书,他负责的陕西省重点学科"马克思主义哲学"提供了经费,谨向张老师和相关部门深表谢忱!

我也感谢孔佳菁、郭晶婵、李佳芮和袁芳,不辞辛苦打出译稿,并校读若干章节,指出错漏!

书中难免谬译,诚待学界同仁不吝指正!诸多师友虽操心费力，但文责在我，一切错误与他们无关。

谨以此书中文版纪念师友徐志跃！

刘剑涛

2017 年 10 月 28 日初拟

2019 年 7 月 5 日改定

沪上冷心斋

图书在版编目(CIP)数据

法的本质/(美)沃格林(Eric Voegelin)著;刘剑涛译.
—上海:上海三联书店,2023.6
ISBN 978-7-5426-6205-7

Ⅰ.①法… Ⅱ.①沃…②刘… Ⅲ.①法的本质
Ⅳ.①D903

中国版本图书馆 CIP 数据核字(2018)第 013496 号

法的本质

| 著　　　者 / 埃里克·沃格林 |
| 译　　　者 / 刘剑涛 |
| 审　　　校 / 刘曙辉 |
| 策　　　划 / 徐志跃 |
| 责任编辑 / 邱　红　陈泠珅 |
| 特约编辑 / 孙嘉琪 |
| 装帧设计 / 徐　徐 |
| 监　　　制 / 姚　军 |
| 责任校对 / 王凌霄 |

出版发行 / 上海三联书店
　　　　　 (200030)中国上海市漕溪北路 331 号 A 座 6 楼
邮　　　箱 / sdxsanlian@sina.com
邮购电话 / 021-22895540
印　　　刷 / 上海盛通时代印刷有限公司

版　　　次 / 2023 年 6 月第 1 版
印　　　次 / 2023 年 6 月第 1 次印刷
开　　　本 / 640 mm×960 mm　1/16
字　　　数 / 120 千字
印　　　张 / 12
书　　　号 / ISBN 978-7-5426-6205-7/D·379
定　　　价 / 58.00 元

敬启读者,如发现本书有印装质量问题,请与印刷厂联系 021-37910000